Dekorieren und Gestalten mit

Rosen

Dekorieren und Gestalten mit

Rosen

Sträuße • Geschenke • Rezepte

Luzia Becker • Peter Baumgartner
Jane Hase • Monika Neubacher-Fesser
Oliver Pfaff • Ria Steinhauer
Doris Strobel
Eva Westermeier-Gerolstein

INHALT

Kleine Rosenkunde

Schönes aus Rosen zu gestalten ist für alle eine Herausforderung, die gern mit individuellen Dingen sich und anderen eine Freude bereiten. Bereits in der Antike galten Rosen als Symbole der Liebe, Freude und Jugend. Man band sie zu Sträußen und Kränzen, trocknete sie und destillierte sie zu Öl. Die Römer streuten Rosenblätter in den Wein und umkränzten ihre Trinkschalen mit Rosenranken. Die Germanen pflanzten sie auf Opferstätten und Gräber, und die Griechen verehrten die Rosen wegen ihres Ebenmaßes, ihres Duftes und ihrer reinen Farbe.
Bis heute hält die Faszination der „Königin der Blumen" an. Wer Rosen liebt, kann Haus und Garten mit ihnen schmücken, ihren Duft in Potpourris einfangen, die Blütenblätter als Schönheitsmittel nutzen oder sie als besondere Geschmacksnote Getränken und Speisen zusetzen. Zum Dekorieren geeignete Rosensorten erhalten Sie das ganze Jahr über im Blumenfachhandel. Wer möchte, verwendet auch schöne Blüten aus dem eigenen Garten.

Dekorieren und Gestalten

Ein **Strauß**, der aus einer einzigen Rosensorte gebunden wurde, sieht wunderschön aus. Allerdings lassen sich Rosen auch sehr gut mit anderen Blumen kombinieren, und das richtige Beiwerk unterstreicht die Schönheit der Blüten – ja, es hebt sie sogar noch hervor.
Sträuße richtig zu binden, ist eine Kunst für sich. In der Regel werden die Blumenstiele spiralig angeordnet, oder man legt sie parallel nebeneinander. Zur Zeit erfreuen sich Sträuße mit asymmetrischen Formen sowie stark abfließenden Bewegungen großer Beliebtheit. In diesem Buch finden Sie eine Vielzahl von Beispielen für diese besonderen Straußformen.

Rosen eignen sich auch gut für **Gestecke**. Beim Zusammenstellen der Arrangements kann man seiner Fantasie freien Lauf lassen und die Rosen nach Belieben mit anderen Blumen kombinieren. Die passenden Steckgefäße haben Sie größtenteils bereits im Haus. Geeignet sind unter anderem Glas- und Porzellanschalen, Tassen und Untertassen sowie dekorative Teller.
Je nachdem, wo das fertige Arrangement stehen soll, wird es mit einer genau festgelegten Sichtseite gearbeitet oder so gestaltet, daß es von allen Seiten schön anzusehen ist.

Früher wurden **Kränze** nur zu Weihnachten an die Tür gehängt. Heute erfreuen wir uns an ihnen das ganze Jahr über und verwenden sie gleichermaßen als Tisch- wie als Wandschmuck. Angefertigt werden Kränze als Gesteck oder Gebinde.
Für einen gesteckten Kranz nimmt man als Unterlage einen Ring aus Steckschwamm oder aus Trockensteckmasse – je nachdem, ob man Frisch- oder Trockenblumen verarbeiten möchte.
Für geflochtene Kränze benötigt man eine Unterlage aus Draht oder Weidenruten. Darauf werden harte, ledrige Blätter wie Efeu, Buchsbaum, Wacholder oder Ilex gebunden. Eingearbeitete Rosen sollten möglichst kleine Blüten haben, weil diese auch später noch im getrockneten Kranz gut aussehen.

Rosengirlanden lassen sich leichter herstellen, als es auf den ersten Blick aussieht. Damit die Blumen lange frisch bleiben, sprüht man sie vorher etwas an oder breitet sie auf feuchtem Küchenpapier aus.
Wählen Sie für den Unterbau der Girlande einen dickeren Draht, oder nehmen Sie normalen Blumendraht doppelt. Um beim Binden einen festen Halt zu haben, wird der Draht an einem Nagel in der Wand oder am Türgriff befestigt. Schneiden Sie dann die Blumen und das Grün fingerlang zu, und wickeln Sie alles nach und nach auf den Draht. Das Binden geht übrigens leichter von der Hand, wenn Ihnen jemand die Materialien anreicht. Zum Schluß wird der Draht gut verknotet, damit sich die Girlande nicht vorzeitig löst.

Sollte einmal überraschend Besuch kommen, können Sie rasch einen hübschen Tischschmuck anfertigen, indem Sie eine flache Schale mit Wasser füllen, frische Rosenblüten hineinlegen und einige Schwimmkerzen dazusetzen. Solche **schwimmenden Arrangements** passen auch sehr gut zu einer sommerlichen Gartenparty. Man verteilt dann mehrere Blütenschalen auf die Tische und streut als zusätzliche Dekoration Rosenblätter um die Gedecke.

FESTLICHE ANLÄSSE

Durch Rosenarrangements erhalten festliche Anlässe jeder Art einen besonderen Glanz. Dabei spielt es keine Rolle, ob es sich um eine Feier im kleinen Kreis oder um ein Fest im großen Rahmen handelt. Es ändern sich dadurch höchstens Anzahl und Größe der Gestecke, nicht aber Auswahl und Arrangement der Blumen.
Geburtstage und Kindstaufen sind schöne Gelegenheiten, um die ganze Wohnung mit Rosensträußen und -gestecken zu schmükken. Das klassische „Rosenfest" ist allerdings die Hochzeit. Hier können Sie – wenn Sie wollen – nach Herzenslust in den edlen Blumen schwelgen. Im Brautkranz, im Brautstrauß, im Anstecker des Bräutigams und im Tischschmuck finden Rosen vielseitige Verwendung. Wichtig ist es in diesem Fall, die einzelnen Arrangements aufeinander abzustimmen und Gestecke wie Sträuße möglichst mit Blumen der gleichen Sorte anzufertigen. Das gilt für alle Feiern, für die mehrere Gebinde angefertigt werden.
Hier einige Kombinationsvorschläge für festliche Blumendekorationen:

TAUFE EINES MÄDCHENS

- rosa Rosen, weiße Margeriten, Schleierkraut und Farn
- weiße Rosen, rosa Trossnelken, Efeu und Frauenmantel

TAUFE EINES JUNGEN

- weiße Rosen, blaue Clematis (Waldrebe), Farn
- weiße Rosen, blaue Anemonen, weiße Freesien, Schleierkraut und Efeu

HOCHZEIT

- rosa und weiße Rosen, Schleierkraut, Farn
- rote Rosen, Maiglöckchen, Efeu

GEBURTSTAG

- weiße Rosen, gelbe Rosen, rote Hagebutten, Farn
- rote Rosen, weiße Margeriten, weißgrüner Efeu

SPRACHE DER ROSEN

Ein eigener Symbolwert wurde Rosen seit jeher zugesprochen. Wieso gerade diese Blume bereits im Altertum als Sinnbild der Liebe galt, konnte bis heute nicht eindeutig geklärt werden. Je nach Aussehen, Alter und Blütenfarbe schreibt man den Rosen allerdings noch weitaus mehr Bedeutungen zu:

Rosa canina (Hundsrose) – *Freude und Schmerz*
dornenlose Rose – *baldige Bindung*
vollgefüllte Rose – *Harmonie*
einzelne Rose – *Einfachheit*
Büschelrose – *reizend, anmutig, entzückend*
hundertblättrige Rose – *Stolz, Hochmut*
weiße Rose – *Hochachtung und Liebe*
gelbe Rose – *Eifersucht, Neid*
rosa Rose – *Schönheit*
tiefrosa Rose – *Schüchternheit*
weiße und rote Rosen – *Einigkeit*
aufgeblühte rote Rose – *Liebe*
verwelkte Rose – *Vergänglichkeit*
Knospen der Moosrose – *Geständnis der Liebe*
rote Knospe – *Stille Hoffnung*
weiße Knospe – *Zärtlichkeit*
je eine rote und eine weiße Rose – *Krieg (engl. Rosenkrieg)*

FRISCHHALTUNG

Einen Tag, bevor man die Rosen zu Sträußen oder Gestecken arrangiert, werden sie eingekauft oder aus dem Garten geholt. Die Knospen von Schnittrosen sollten sich weich anfühlen, denn die Blüten dieser Blumen öffnen sich in der Regel gut. Wer seine Rosen selbst schneidet, sollte es frühmorgens oder abends tun. Dann sind die Blumen am kräftigsten.
Damit sich die Rosen schnell erholen, werden sie zuerst mit einem scharfen Messer schräg angeschnitten. Über diese Schnittfläche nehmen die Blumen Wasser und Nährstoffe auf. Sie sollte deshalb ausreichend lang sein. Eine Schere würde die Poren zudrücken – daher nimmt man ein Messer. Dann werden die Stiele im unteren Bereich von Blättern und Stacheln befreit und die Blumen zu drei Vierteln ihrer Stiellänge in einen mit Wasser gefüllten Eimer gestellt. Dem Wasser setzt man ein Frischhaltemittel zu. Obwohl sie sozusagen bis zum Hals im kühlen Naß stehen, darf kein Wassertropfen an Knospen und Blüten gelangen. Flüssigkeit jeder Art führt hier zu Flecken und sogar zu Fäulnis. Lassen Sie die Blumen anschließend an einem kühlen und schattigen Ort ruhen.

Am nächsten Tag kann man die Sträuße oder Gestecke anfertigen. Das Wasser aus dem Eimer wird zum Auffüllen der Vase verwendet, oder man legt den Steckschwamm darin ein. Lassen Sie die Steckmasse sich von allein vollsaugen, und drücken Sie sie nicht unter Wasser. Nach etwa zwei Stunden sind die Poren des Schwammes gefüllt, und die Blumen können eingesetzt werden.
Rosen, die in der Vase stehen, erhalten täglich frisches Wasser. Sofern es mit Frischhaltemittel versetzt ist, wird das Wasser nicht ausgetauscht, sondern nur nachgefüllt. Weil sich die Poren am Stielende schnell zusetzen, schneidet man Vasenrosen täglich neu an.

KONSERVIEREN

Um dauerhafte Rosensträuße das ganze Jahr über zu besitzen, kann man sich in den Sommermonaten seine Lieblingsblumen trocknen. Hierfür gibt es verschiedene Möglichkeiten:

1. Am gebräuchlichsten ist es, die Rosen in kleinen Bunden mit der Blüte nach unten an einem luftigen und schattigen Platz aufzuhängen.
2. Bei der nächsten, ebenfalls häufig angewandten Methode legt man die Rosen einzeln in salzartige Granulate ein, um sie zu trocknen. Die Granulate gibt's in Hobby- und Bastelläden zu kaufen. Ein kleiner Tip: Waschpulver eignet sich hierzu genausogut. Sie können das Pulver anschließend sogar in der Waschmaschine weiterverwenden.

Wenn auf Märkten Schnittrosen besonders günstig angeboten werden, sollte man das nutzen und Rosen zum Konservieren einkaufen. Am besten lassen sich hellrote, gelbe, orange- und rosafarbene Rosen trocknen. Ihre Farbe bleibt meist unverändert erhalten. Dunkelrote Rosen wechseln fast zu Schwarz über. Weiße Blüten dagegen werden oft unansehnlich.

Trockenrosen eignen sich sehr gut für Kränze, Sträuße oder auch für Potpourris. In Verbindung mit anderen getrockneten Pflanzen wie zum Beispiel Melisse, Lavendel, Kornähren oder Disteln kann man interessante Arrangements zusammenstellen.

ROSENSORTEN

TREIBHAUSROSEN

Rosen aus Gewächshäusern gibt es das ganze Jahr über zu kaufen. Man kann nahezu aus der gesamten Farbpalette wählen und erhält zudem spezielle Sorten, die sich durch eine besonders lange Haltbarkeit auszeichnen. Auch werden die Rosen in verschiedenen Längen angeboten. Gerade die Stiellänge spielt bei Gestecken und Sträußen eine wichtige Rolle.

Wer oft und gern schöne Dinge aus Rosen gestaltet, möchte auch ihre Namen kennen.

Leider gibt es immer noch viele Blumengeschäfte, die Rosen ohne Sortenbezeichnungen anbieten. Eine gezielte Nachfrage des Kunden ist in diesem Fall durchaus angebracht und trägt unter Umständen mit dazu bei, daß sich dieser Zustand in Zukunft ändert.

Das Sortiment bei den Gewächshausrosen wechselt ziemlich schnell. Es gibt nur wenige Sorten, die sich über eine lange Zeit halten. Eine Ausnahme stellt die 'Baccara' dar, die in den fünfziger Jahren gezüchtet wurde und die man auch heute noch ab und zu antrifft. Irrtümlich wird oft bei allen großblumigen roten Treibhausrosen von 'Baccara' gesprochen, aber die echte 'Baccara' wird heute kaum noch angebaut. Zwei weitere Sorten, die sich sehr lange auf dem Markt hielten, waren die 'Sonia Meilland' und die orangerote 'Mercedes'.

Bei Treibhausrosen unterscheidet man zwischen großblumigen, mittelblumigen und kleinblumigen Sorten. In den letzten Jahren kamen noch die sogenannten „Sprayrosen" hinzu. Dies sind in Dolden blühende Rosen, die Nachfolger der kleinblütigen Polyantharosen, von denen auch noch einige Sorten im Handel sind. Unsere Aufstellung der wichtigsten Rosensorten, die zur Zeit angeboten werden, soll Ihnen die Auswahl erleichtern.

Großblumige Treibhausrosen:
'Dallas' (dunkelrot), 'Ekstase' (blutrot, duftend), 'First Red' (purpurrot), 'Jacaranda' (lilarosa, duftend), 'Madelon' (leuchtend orangerot), 'Pareo' (tief goldgelb), 'Pavarotti' (dunkelrosa), 'Privé' (dunkelrosa), 'Ravel' (zweifarbig rosa), 'Red Success' (dunkelrot), 'Rhapsodie' (kräftig pinkfarben), 'Texas' (goldgelb), 'Tineke' (weiß), 'Vivaldi' (rosa)

Mittelblumige Treibhausrosen:
'Europa' (rosa), 'Ilseta' (rosa), 'Lambade' (leuchtend orange), 'La Perla' (perlmuttrosa), 'Mercedes' (orangerot), 'Prophyta' (hell-aprikosefarben), 'Safari' (bronzegelb), 'Souvenier' (lilarot), 'Sweet Amazone' (lachsrosa), 'Tennessee' (orange), 'Valerie' (silbrigrosa), 'Wild Amazone' (dunkelrosa)

Kleinblumige Treibhausrosen:
'Carol' (hellrosa), 'Carolien' (zartrosa), 'Escimo' (reinweiß), 'Frisco' (goldgelb), 'Kiss' (mittelrosa), 'Medeo' (cremeweiß), 'Motrea' (kräftig rosa)

Sprayrosen (Doldenrosen) aus dem Treibhaus:
'Evelien' (frischrosa), 'Joy' (dunkelrosa), 'Porcelina' (cremeweiß), 'Rumba' (gelb)

Freilandschnittrosen

Dekorationen mit Freilandrosen sind von Mai bis Oktober möglich. Die in den Blumengeschäften zum Verkauf angebotenen Rosen stammen meist aus Mitteleuropa. Viele Blumengeschäfte können Freilandrosen nur in geringen Mengen vorrätig halten, auf den Wochenmärkten ist das Angebot oft größer. Sie sollten jedoch in jedem Fall rechtzeitig vorbestellen, wenn Sie eine größere Stückzahl einer bestimmten Rosensorte oder -farbe benötigen.
Nachfolgend eine Auswahl wichtiger Freilandrosensorten, die derzeit im Blumenhandel angeboten werden:

Großblumige Edelrosen:
'Anika' (goldgelb), 'Ariana' (zartrosa), 'Barkarole' (schwarzrot), 'Carina' (rosa), 'Citrina' (hellgelb), 'Desirée' (leuchtend rosa), 'Doris Tysterman' (orangefarben), 'Flamingo' (zartrosa), 'Holsteinperle' (leuchtend orangerot), 'Kardinal' (blutrot), 'Lady Rose' (lachsrot), 'Monica' (rotgelb), 'Osiana' (elfenbeinfarbig), 'Pamina' (korallenrot), 'Roter Stern' (mennigrot), 'Sila' (rosa, sehr langstielig), 'Sylvia' (rosa)

Büschelblütige Floribundarosen:
'Bonica '82' (rosa), 'Diadem' (rosa), 'Koralle' (korallenrosa), 'Majolika' (cremerosa), 'Rumba' (gelbrot), 'The Fairy' (rosa, kleinblumig), 'Zonta-Rose' (goldgelb)

Festliche Anlässe

EINLADUNGSKARTEN

Für gute Freunde läßt man sich gern etwas Besonderes einfallen. Die selbstgemachten Einladungskarten mit Motiven aus gepreßten Rosenblütenblättern eignen sich beispielsweise für die Ankündigung einer Hochzeitsfeier, eines runden Geburtstages oder eines Tauffestes. Wer ein wenig Talent zum Zeichnen besitzt, verziert die Karten zusätzlich mit goldenem Lackstift.

Mit einer Pflanzenpresse lassen sich die Blütenblätter leicht trocknen. Ebensogut können Sie die Blätter zwischen zwei Lagen Lösch- oder Zeitungspapier legen und mit dicken Büchern beschweren.

GRUNDANLEITUNG

■ Zuerst die getrockneten Blütenblätter lose auf einem weißen Blatt Papier arrangieren. Verschieben Sie die Blätter so lange, bis Ihnen die Anordnung gefällt.

■ Dann aus einem farblich passenden Karton eine Klappkarte anfertigen. Für eine Karte im Querformat schneiden Sie ein 30 x 10,5 cm großes Stück Karton zu, für eine Karte im Längsformat benötigen Sie ein 21 x 15 cm großes Kartonstück.

■ Die Blütenblätter auf der Klappkarte festkleben.

VARIATIONEN

Weiße Karte mit „Schmetterlingsblüten":

■ Auf eine Klappkarte aus weißem Leinenkarton rosafarbene Blütenblätter paarweise in Form von Schmetterlingsflügeln aufkleben.

■ Einen Rahmen sowie Kreise und Punkte mit goldenem Lackstift aufmalen.

Karte mit roten Blättern:

■ Die Rosenblätter zu einer Blüte anordnen. Einzelne Blätter zusätzlich über das Deckblatt verteilen.

■ Auf einige der Blütenblätter kleine Punkte mit dem goldenen Lackstift setzen.

Karte mit hellen Blüten:

■ Aus einer Klappkarte aus Elefantenhaut ein Fenster herausschneiden und mit einem weißen Karton hinterkleben.

■ Jeweils 4 helle Rosenblätter zu einer Blüte zusammenstellen und die Karte mit kleinen goldenen Lackstiftpunkten verzieren.

Karte mit dunklen Blättern:

■ Einige braune und rote Blütenblätter an dem unteren Rand einer hochformatigen Karte anordnen.

■ Den Einladungstext in schönen handgeschriebenen Buchstaben darübersetzen.

Karte mit brauner Blüte:

■ Aus einer Klappkarte aus Elefantenhaut ein quadratisches Fenster herausschneiden und mit weißem Karton hinterkleben.

■ 5 braune Blütenblätter zu einer Blume arrangieren und in die Blütenmitte einen Punkt mit goldenem Lackstift setzen (Foto unten).

DAS BRAUCHEN SIE

Gepreßte Rosenblütenblätter, Schmuckkarton wie Elefantenhaut, Zeichen- oder Leinenkarton, goldenen Lackstift, großes weißes Blatt, Schere oder Cutter, Klebstoff

BRAUTKRANZ

Ein Kranz aus frischen Blüten und Blättern ist der passende Kopfschmuck für eine Braut in einem nostalgischen weißen Hochzeitskleid. Mit ein wenig Geduld läßt er sich leicht selber binden.

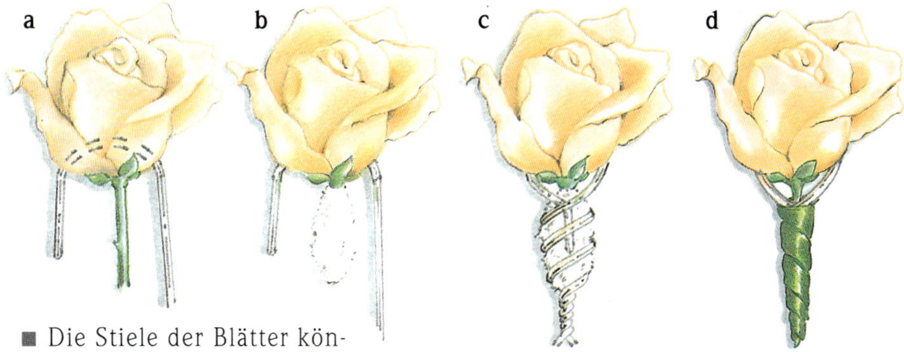

Damit sie den ganzen Hochzeitstag über frisch bleiben, werden sämtliche Blüten und Blätter mit in Wasser getränkten Wattebäuschen versehen. Um zu verhindern, daß der Kranz tropft, bindet man anschließend jedes einzelne Wattestück mit Kautschukband ab.

BLÜTEN UND BLÄTTER ANDRAHTEN

- Ein Stück Silberdraht quer durch den Blütenansatz einer Rose stecken **(Abb. a)**.
- Das Stielende der Blüte mit etwas Watte einbinden **(Abb. b)** und mit den überstehenden Silberdrahtenden Watte und Stiel umwickeln **(Abb. c)**.
- Die Blüten kurz in Wasser stellen und danach die Watte mit Kautschukband abbinden **(Abb. d)**.
- Die Efeublätter werden angedrahtet, indem Sie ein Stück Silberdraht auf der Rückseite des Blattes quer unter der Blattader hindurchschieben.

Auf diese Weise lassen sich die Blätter leicht in Form biegen **(Abb. e)**.

- Die Stiele der Blätter können vor dem Drahten auch wattiert werden.
- Die Blätter wässern und anschließend mit Kautschukband abbinden.

KRANZ BINDEN

- Die angedrahteten Materialien zu einer Ranke zusammendrehen. Dazu Blüten und Blätter nacheinander aufnehmen und an den Drahtstielen mit Kautschukband umwickeln **(Abb. g)**.
- Das Tüllband mitlaufen lassen und in kurzen Abständen zu kleinen Tuffs bauschen **(Abb. h)**.
- Wenn die Ranke die richtige Länge erreicht hat, wird sie zu einem Kranz gelegt, die Enden erst mit Silberdraht, dann mit Kautschukband zusammengebunden.
- Nun den Brautkranz mit Silberdraht verzieren.

DAS BRAUCHEN SIE

Blüten von Buschrosen, Efeublätter, schmales Tüllband, Watte, silbernen Bouillondraht, Kautschukband, Silberdraht

BRAUTSTRAUSS

„Ganz in Weiß mit einem Blumenstrauß", beginnt ein bekannter deutscher Schlager. Ebenso wie der Kranz gehört der Strauß zu den klassischen Accessoires einer Braut. Wie das dazu passende Knopflochsträußchen für den Bräutigam (kleines Foto) gearbeitet wird, erfahren Sie auf den nächsten beiden Seiten.

Das Besondere an diesem Traumstrauß: Sämtliche Blumen, Blätter und Ranken wurden ihrer Wuchsform entsprechend gebunden. Dadurch sieht der Strauß sehr natürlich aus und wirkt dennoch wie von unsichtbarer Hand gestaltet.

MATERIALIEN VORBEREITEN

- Die Stiele der Blumen im unteren Drittel bis zur Bindestelle von Blättern und Stacheln befreien, schräg anschneiden und wässern.
- Die Schmuckbänder andrahten. Dazu je ein Stück Silberdraht in der Mitte um das Band wickeln und dann den Draht mit Kautschukband abbinden.
- 2 weiße Perlen auf Silberdraht fädeln und an den Enden des breiten weißen Schmuckbandes befestigen. Den Silberdraht mehrmals um die Bandenden wickeln.

STRAUSS BINDEN

- Beginnen Sie die Bindearbeit mit den langen Ranken des Efeu und des Asparagus. Dazu mit der linken Hand die erste Ranke fassen und den Stiel leicht nach rechts geneigt halten. Die zweite Ranke nach links zeigend darüberlegen und die nächsten Stiele jeweils etwas weiter in dieselbe Richtung geneigt dazuordnen.
- Im Uhrzeigersinn Rosen, Lysimachia, Septemberkraut, Ornithogalum und Bouvardien anlegen und dabei auf die natürliche Wuchsform der Pflanzen achten.
- Den Strauß zwischendurch drehen, damit er rund wird.
- Zum Schluß die Schmuckbänder einarbeiten. Dabei die Regel beachten, daß Bänder symbolisch die Bindestelle des Straußes anzeigen. Auch bei diesem Strauß werden sämtliche Schmuckbänder in Höhe der Bindestelle eingesetzt. Die Enden der breiten Bänder hinter den Ranken herabhängen lassen. Die dünne Kordel über den Blüten verteilen.
- Anschließend die Stiele mit breitem Kautschukband umwickeln.
- Das Tüllband zu Schlaufen legen, hinter den Schmuckbändern drapieren und um die Stiele binden. Das Bandende mit einer Nadel fixieren.
- Ein Stück lose über die Blumen gezogener Silberdraht läßt den Strauß noch kostbarer erscheinen.

DAS BRAUCHEN SIE

Buschrosen, Lysimachia, Septemberkraut, Ornithogalum, Bouvardien, Efeuranken, Hypericum, Asparagus, weiße Schmuckbänder, Tüllband, Kordel, Perlen, Silberdraht, Kautschukband, Nadel, Messer

KNOPFLOCHSTRÄUSSCHEN

Auch wenn Männer sich nicht gerade häufig mit Blumen schmücken – zu einer Hochzeit unterstreicht ein kleines Sträußchen am Revers das festliche Ambiente. Eine hübsche Variante ist ein Minigebinde, das man am Rand des Zylinders feststeckt.

Die kleinen Sträuße werden so gebunden, daß sie eine Vorder- und eine Rückseite besitzen. Man schiebt sie an den Stielen mit der Sichtseite nach vorn ins Knopfloch oder befestigt sie mit einer Anstecknadel am Revers. Das Hutsträußchen wird mit Nadeln am Rand des Zylinders angebracht.

MATERIALIEN VORBEREITEN

■ Sämtliche Blüten, Früchte und Blätter andrahten, wattieren und mit Kautschukband umwickeln (Anleitung S.17).

■ Schmuck- und Tüllbänder sowie kleine Goldquasten an einem Ende mit etwas Silberdraht andrahten und dann mit Kautschukband abbinden. Schleifenband kann man zusätzlich variieren, indem man es in kurzen Abständen an den Enden mit Golddraht umwickelt.

■ Für eine Minikette kleine Blätter und Früchte auf Golddraht fädeln und festbinden.

STRÄUSSCHEN BINDEN

■ Das Sträußchen wird nach unten hängend gebunden. Die Rückseite hält man möglichst flach.

■ Mit den längsten Ranken oder Gräsern beginnen und nach oben hin immer kürzere Teile wie Früchte und Blüten einarbeiten.

■ Mit Schmuck- und Tüllbändern, Kordeln, Goldquasten oder Miniketten aus Blättern und Früchten den kleinen Strauß verzieren.

■ Die Stiele mit Kautschukband umwickeln und das Ende des Bandes über einer Kerzenflamme „verschweißen". Dadurch kann weder Wasser noch Pflanzensaft entweichen und die Kleidung des Bräutigams beschmutzen.

DAS BRAUCHEN SIE

Rosenblüten, Lysimachia, Septemberkraut, Efeu, Hypericumbeeren, Kordel, Schmuck- und Tüllbänder, Goldquasten, Kautschukband, Watte, feinen Gold- und Silberdraht, Kerze, Anstecknadel

TISCHGIRLANDE

Für das Hochzeitsessen wird die Tafel so schön wie möglich geschmückt. Eine Girlande aus Rosenblüten und Efeuzweigen betont den festlichen Charakter des Tisches.

Eigentlich ist diese Girlande ein mehrteiliges Frischblumengesteck. Zwischen den Efeuzweigen verbergen sich lange schmale Schalen, in die Blüten und Gräser eingesetzt werden. Durch diesen Kniff vermeiden Sie das komplizierte Binden einer Ranke.

ANLEITUNG

- Die Efeuranken zu einem losen Zopf flechten.
- Den Steckschwamm in Wasser legen, bis er sich vollgesaugt hat.
- Dann aus dem Steckschwammblock schmale Stükke in der Größe der Schalen herausschneiden und in die Gefäße einsetzen.
- Die Schalen nun vorsichtig zwischen die Efeuranken stellen und danach mit Silber-

draht umwickeln. Das ist die Rohgirlande.

■ Die Rosen, das Septemberkraut, die Gräser und das Ornitogalum in verschiedenen Höhen schräg in die Steckmasse setzen. Dadurch wirkt die „Ranke" wie gewickelt.

■ Langstielige Blüten und Gräser bis in die Zwischenräume ziehen, damit die Girlande eine gleichmäßig schlanke Form erhält.

■ Pailletten- und Tüllbänder sowie weiße Kordel in lockeren Windungen über die Ranke legen. Es soll aussehen, als seien die Bänder mit eingeflochten.

■ Danach silberne Bouillondrahtfäden wie ein zartes Gespinst über die Tischgirlande ziehen.

DAS BRAUCHEN SIE

Lange Efeuranken, Doldenrosen, Septemberkraut, Gräser, Ornithogalum, Silberdraht, Pailletten- und Tüllbänder, weiße Kordel, silbernen Bouillondraht, Steckschwamm, lange schmale Steckschalen aus Kunststoff, Messer

STREUKÖRBCHEN

Es ist ein hübscher Brauch, den Brautleuten einen Blütenteppich zu streuen, wenn sie frisch vermählt aus der Kirche kommen. Kleine Nichten reißen sich in der Regel um die Rolle der Blumenkinder, die es ihnen erlaubt, einen eigenen Beitrag zu dem großen Ereignis zu leisten.

Erklären Sie den Kindern genau, wo sie zu stehen haben und ab wann sie die Blätter streuen dürfen. Die beiden Körbchen werden erst kurz vor der Trauzeremonie vorbereitet, weil die zarten Blütenblätter rasch welken.

DEKO-KÖRBCHEN

- Wählen Sie für ein Streukörbchen ein kleines Weidenkörbchen mit Henkel.
- Jedes Körbchen am Henkelansatz mit einer üppigen Schleife aus weißer Spitzenborte schmücken.
- 2 besonders schöne Rosenblüten andrahten, das heißt ein Stück Silberdraht waagerecht durch den Blütenansatz stechen und die beiden Drahtenden um den Stengel wickeln. Die überstehenden Drahtreste miteinander verdrillen.
- Dann je eine Rosenblüte direkt über den Schleifen in die Henkel stecken.

STREUBLÜTEN

- Die Blütenblätter frischer Rosen abzupfen und in die Körbchen füllen.
- Mit ausgesuchten Blüten und Knospen die Rosenblätter bedecken.

DAS BRAUCHEN SIE

Weidenkörbchen mit Henkel, weiße Spitzenborte, Rosenblüten, Silberdraht

ROSENTORTE

Wem läuft da nicht das Wasser im Munde zusammen? Dieser Traum aus Marzipan und Rosencreme ist die Krönung jeder festlichen Kaffeetafel. Ein Augenschmaus für alle, die süße Genüsse zu schätzen wissen.

Der Tortenboden ist schnell gebacken, aber die Dekoration nimmt ein wenig Zeit in Anspruch. Marzipanrosen gibt es zwar zu kaufen, doch macht es auch Spaß, sie von Hand zu modellieren.

DER TEIG

ZUTATEN

5 Eier
4 EL heißes Wasser
150 g Zucker
1 Päckchen Vanillinzucker
125 g Mehl
50 g Speisestärke
1 Messerspitze Backpulver

■ Die Eier, den Zucker, den Vanillinzucker und das Wasser 10 Minuten mit dem Handrührgerät schlagen.
■ Das Mehl, die Speisestärke und das Backpulver mischen und mit dem Schneebesen unter die Eimasse heben.
■ Eine Springform ausfetten, den Teig einfüllen und 30 Minuten backen (E-Herd 175°C, Gasherd Stufe 2).
■ Den Boden herausnehmen und erkalten lassen.

DIE FÜLLUNG

ZUTATEN

6 bis 8 duftende rote Rosen
100 g Zucker
6 cl Grand Manier
3 EL Apfelsaft oder Wasser
süße Sahne
1 Päckchen Sahnesteif

■ Die Blütenblätter vorsichtig von den Rosen lösen und zusammen mit dem Zucker, dem Grand Manier und dem Apfelsaft in den Mixer geben.
■ Die Zutaten pürieren, bis eine streichfähige Rosencreme entstanden ist.
■ Sahne, Sahnesteif und Zukker sehr steif schlagen.

DIE DEKORATION

ZUTATEN

800 g Marzipanmasse
300 g Puderzucker
rote und grüne Lebensmittelfarbe
16 Schokoladenfiligranherzen
Schokoladenmasse
Mandelblätter

■ Mit einem langen Messer oder einem reißfesten Garn den Tortenboden zweimal waagerecht durchschneiden.
■ Auf den unteren Boden die Hälfte der Rosencreme auftragen und darüber ein Viertel der steifen Sahne verteilen.
■ Den zweiten Boden auflegen und mit der restlichen Rosencreme sowie einem weiteren Viertel der Sahne bestreichen.
■ Die Torte mit dem dritten Boden abdecken und von außen mit Sahne überziehen.
■ Die Marzipanmasse mit dem Puderzucker verkneten und dünn ausrollen.
■ Dann die Torte mit der Marzipanplatte umkleiden. Dazu die Platte aufrollen und über der Torte Stück für Stück wieder entrollen. Die Falten sorgfältig herausmodellieren und das überstehende Marzipan entlang des Tortenrandes abschneiden.
■ Die Marzipanreste erneut verkneten. Eine Hälfte mit roter, die andere Hälfte mit grüner Lebensmittelfarbe einfärben. Aus dem grünen Marzipan kleine Blätter ausschneiden. Das rote Marzipan zu Blütenblättern formen und aus je 5 Blütenblättern eine Rose modellieren.
■ Die Blätter und die Rosen in die Mitte der Torte setzen. Den oberen Rand mit Sahnetuffs und Schokoladenfiligranherzen garnieren.
■ In eine Spritztüte erwärmte Schokoladenmasse füllen und die Torte damit bemalen. Den unteren Rand mit Mandelblättern bestreuen.

DAS BRAUCHEN SIE

Rührschüssel, Handrührgerät, Schneebesen, Mixer, Springform, langes Messer oder reißfestes Garn, normales Küchenmesser, Küchenrolle, Spritztüte

ROSENBOWLE

Damit Ihr nächstes Sommerfest ein rauschender Erfolg wird, servieren Sie zum Trinken eine erfrischende Rosenbowle. Echte Blütenblätter geben dem Getränk seinen unvergleichlichen Geschmack, für das Prickeln auf der Zunge sorgt eine halbe Flasche Sekt, die der Grundmischung zugesetzt wird. Wer eine „Light-Version" anbieten möchte, füllt die Bowle mit Mineralwasser auf.

Es sieht gut aus, wenn auch der Tisch mit Rosen dekoriert ist. Verteilen Sie dazu Blütenblätter über die ganze Tischfläche, und schmücken Sie die Serviette jedes Gastes mit einer schönen Rosenknospe.

ZUTATEN

10 bis 15 Rosenblüten einer duftenden Sorte
4 cl Cognac oder Weinbrand
1 Flasche Weißwein
1 Flasche Roséwein oder leichten Rotwein
½ Flasche Sekt

ANLEITUNG

- Die Blütenblätter sauber von den Rosen lösen und in ein Bowlegefäß geben.
- Den Cognac und die Hälfte des Weines darübergießen, umrühren und 2 Stunden zugedeckt ziehen lassen.
- Danach die Flüssigkeit langsam durch eine Filtertüte gießen und den restlichen Wein sowie eine halbe Flasche Sekt hinzufügen.
- Serviert wird jedes Bowleglas mit einem frischen Rosenblatt.

DAS BRAUCHEN SIE

Bowlegefäß, Bowlegläser, Schöpflöffel, Rosenblüten für die Dekoration, Filtertüte

KLASSISCHE ROSENSTRÄUSSE

Er ist immer etwas ganz Besonderes: der Strauß aus dunkelroten Rosen. Dabei spielt es keine Rolle, ob es sich um ein großes Gebinde von fünfzig Rosen oder um einen kleinen Strauß handelt.

Beide Sträuße wurden spiralig gebunden. Die ähnlich wie die Stäbchen beim Mikado-Spiel angeordneten Blumenstiele geben sich gegenseitig Halt und werden nicht gequetscht.
Damit der Strauß länger frisch bleibt, schneidet man die Blumen vor dem Binden mit einem scharfen Messer schräg an. Dann werden die Stiele gesäubert, indem man Blätter und Stacheln bis zur Bindestelle entfernt. Legen Sie sich anschließend sämtliche Blumen, Gräser und Zweige griffbereit zurecht, denn man gibt den Strauß während des Bindens nicht mehr aus der Hand.

DAS BRAUCHEN SIE

50 rote Rosen 'First Red', Baergras, Euphorbienlaub (Wolfsmilchlaub), Asparagus plumosus (Zierspargel), 5 schwarzrote Rosen 'Barkarole', Lilien, weiße Rose, Federborstengras, Hängeamaranthus (Fuchsschwanz), Aralienblätter, Muschel, Golddraht, Naturbast, Handbohrer, Messer

STRAUSS MIT ROTEN ROSEN

- Die ersten beiden Blumenstiele über Kreuz fassen.
- Dann die nächsten Stiele nach links geneigt dazuordnen. Im Uhrzeigersinn nach und nach Rosen, Euphorbienlaub, Asparagus plumosus und Baergras anlegen.
- Es entsteht eine Spirale, an deren schmalster Stelle der Strauß mit Naturbast zusammengebunden wird, sobald er sich nicht mehr gut halten läßt. Dieses sogenannte „Zwischenbinden" ist bei großen Sträußen üblich.
- Die nächsten Rosen und grünen Zweige spiralförmig anlegen und eventuell noch ein zweites Mal zwischenbinden.
- Zum Schluß den Strauß noch mit Bast abbinden.

KLEINER STRAUSS MIT LILIE

- Die Muschel mit einem Drahtstiel versehen. Dazu ein kleines Loch in das Gehäuse bohren, ein Stück Golddraht durch die Öffnung ziehen und die Drahtenden miteinander verdrillen.
- Die vorbereiteten Rosen und Lilien zu einem spiralig geformten Strauß binden (siehe Anleitung „Großer Strauß").
- Die Muschel, die Baergräser, den Hängeamaranthus, das Federborstengras und die Aralienblätter hinzufügen und alles mit Naturbast zusammenbinden.
- Danach über den Strauß in lockeren Windungen Golddraht legen.

TISCHGESTECK

Ein zartes Arrangement aus Blütenzweigen, Ranken und Gräsern belebt jede Tafel. Die Rosen harmonieren besonders gut mit edlem Geschirr und Damasttischdecken, wie sie gerne zur festlichen Kaffeetafel aufgelegt werden.

Durch seine lange schlanke Form ist das Gesteck eine ideale Tischdekoration. Es behindert weder den Platz für Tassen, Teller oder Schüsseln, noch stört es die Verständigung sich gegenübersitzender Gäste. Bei sehr großen Tafeln kann es nötig sein, zwei oder mehr Rosengestecke anzufertigen.

ANLEITUNG

■ Den Steckschwamm halbieren und so lange in Wasser legen, bis er sich ganz vollgesogen hat.
■ Dann den Steckmassewürfel in die Mitte der flachen Schale setzen und mit einem Messer zu einer Halbkugel formen, die oben ein wenig über die Schale hinausragt **(Abb. a)**.
■ Damit die Halbkugel nicht verrutschen kann, einen Pinholder mit Oasis Fix in der Schalenmitte befestigen und die Steckmasse daraufsetzen.
■ Die Halbkugel mit Moos abdecken. Größere Moosstücke werden mit Drahtkrampen in der Steckmasse befestigt. Einige Rosenblätter am Stiel dazwischensetzen **(Abb. b)**.
■ Die längsten Pflanzen wie die Wickenranke, die Muschelblume, eine besonders schöne Rose und einige Gräser rechts und links so in den unteren Teil der Steckmasse setzen, daß sie fast waagerecht abstehen **(Abb. c)**. Dadurch wird die äußere Form des Arrangements bestimmt.
■ Weiter zur Mitte hin die kürzeren Blüten anbringen. Direkt über der Halbkugel werden die Rosen so tief gesteckt, daß die Blütenköpfe direkt auf dem Moospolster aufsitzen **(Abb. d)**.
■ Anschließend den Schalenrand mit einigen Rindenstücken dekorieren.

DAS BRAUCHEN SIE

Flache Schale, Moos, ausgesuchte Rosenzweige, Muschelblume, Wickenranke, Gräser, Rindenstücke, Steckschwamm, Pinholder (Blumenhalter), Oasis Fix (Spezialklebemasse), Drahtkrampen, Messer

a

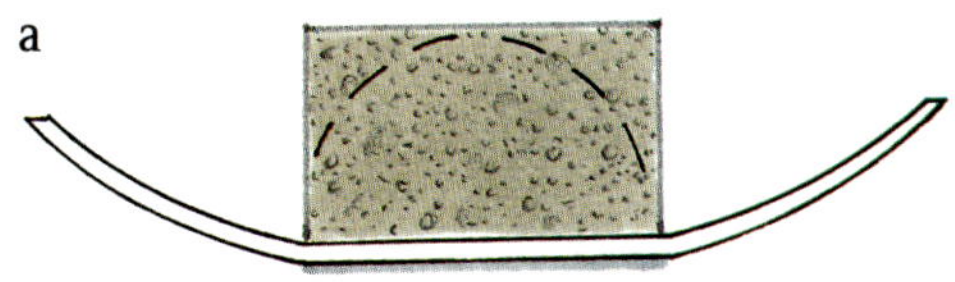

b

c

d

Schönes Wohnen

BODENARRANGEMENT „DORNRÖSCHEN"

Genauso, wie einst Dornröschen im Märchen der Gebrüder Grimm von einer undurchdringlichen Dornenhecke eingeschlossen war, ist auch dieses zarte Blütengesteck von stacheligen Rosenzweigen umgeben. Die Schale und der Zweigaufsatz bilden zusammen ein reizvolles Bodenarrangement, das eine Diele oder einen Treppenaufgang schmückt.

Die für den Aufbau verwendeten Zweige der frühblühenden Strauchrose 'Rosa omeiensis' bestechen durch ihre ebenmäßige Wuchsform und ihre großen, leuchtendroten Stacheln. (Wie Sie sicher wissen, besitzen Rosen keine Dornen, sondern Stacheln. Dornen befinden sich dafür unter anderem an Stachelbeeren.)

Wichtig: Wenn Sie die Rosenzweige schneiden und binden, müssen Sie unbedingt zum Schutz Ihrer Hände feste Arbeitshandschuhe tragen. Wählen Sie für das Arrangement möglichst gerade, lange Triebe, die sich noch ein wenig biegen lassen.

GESTECKSCHALE

- Einen Steckschwamm mit dem Messer halbieren und in Wasser einweichen.
- Dann den Steckschwamm in die Schale legen und an den Seiten mit Kieselsteinen beschweren.
- Die Rosen, das Sedum und die Astern nacheinander in die Steckmasse einsetzen. Alle Blumen vorher mit einem scharfen Messer schräg anschneiden, damit sie länger halten.
- Mit der getrockneten Sonnenblume, dem Rosenzweig und einigen Ziergräsern das Arrangement ausschmücken.
- Als besonderen Blickfang dünne Kupferdrähte wie ein zartes Gespinst um das ganze Gesteck winden.

ZWEIGAUFSATZ

- 2 langstielige Lilien in der Mitte des Arrangements anbringen.
- Anschließend etwa 6 bis 8 gleich lange Rosenzweige an den oberen Enden zusammenfassen und fest mit Draht umwickeln.
- Um die Bindestelle lose ein Stück Seidenband schlagen.
- Den Zweigaufsatz vorsichtig in die Schale stellen und fixieren. Dazu wird ein dünner Rosenzweig um die unteren Zweigenden des Aufsatzes zum Kreis gebogen.
- Die Zweigenden dann mit Myrtendraht an dem Rosenzweigring befestigen.

DAS BRAUCHEN SIE

Rosen und Rosenzweige der Sorte 'Rosa omeiensis', Sedum, Astern, langstielige Lilien, feine Ziergräser, getrocknete Sonnenblume, Kieselsteine, große flache Schale, Steckschwamm, Seidenband, Kupferdraht, Myrtendraht, feste Arbeitshandschuhe, Messer, Blumenschere

ROSENBÜNDEL

Diesen wunderschönen Raumschmuck können Sie ohne viel Aufwand selbst gestalten. Zu Bündeln zusammengefaßt, zeigen sich die Rosen in ihrer ganzen Pracht und Fülle.

Verwenden Sie pro Strauß ausschließlich Rosen einer Sorte und Farbe. Die zum Befestigen der Bündel benötigten Pinholder (Blumenhalter) und das Oasis Fix (eine Spezialklebemasse) erhalten Sie in Blumengeschäften und in Gartencentern. Dekorationsmaterialien wie Kupferdraht und Schleifenband gibt es in Hobby- und Bastelläden preiswert zu kaufen.

GRUNDANLEITUNG

■ Um den natürlichen Charakter der Bündelung zu erhalten, werden die Rosenstiele nicht entdornt und nur leicht entblättert.

■ Die Rosen Kopf an Kopf legen. Zum Stabilisieren des Bündels einige Bambusstäbe dazuordnen.

■ Die Stiele oben mit Bast und unten mit Blumendraht zusammenbinden.

■ Dann in einer schweren dekorativen Schale mehrere Pinholder mit Oasis Fix befestigen.

■ Die Rosen mit einer scharfen Rosenschere auf eine Länge schneiden und das Bündel auf die Pinholder setzen.

■ Wer möchte, legt zusätzlich kleine Steine zum Beschweren der Halterung an den Fuß des Straußes.

BESONDERE EFFEKTE

Weißes Rosenbündel: Binden Sie feine Ziergräser an einer Seite des Bündels mit ein. Den fertigen Strauß schmücken Sie mit weißer Kordel und Schleifenband. Zum Schluß wird feiner Kupferdraht um das ganze Gebinde lose herumgewunden.

Rosenbündel in Apricot: Verzieren Sie den Strauß mit einer apricotfarbenen Seidenschleife, und umwickeln Sie ihn mit feinem Kupferdraht.

Pinkfarbenes Rosenbündel: Binden Sie um das obere Ende des Straußes breites Deko-Band, und lassen Sie die Bandenden lang herunterhängen. Auch dieses Rosenbündel wird mit feinem Kupferdraht verziert.

DAS BRAUCHEN SIE

Rosen: 'Profita' (lachsfarben), 'White Svecess' (weiß), 'Jaccarantha' (rosafarben), dünne Bambusstäbe, Bast, Blumendraht, schwere dekorative Schale, Pinholder (Blumenhalter), Oasis Fix (Spezialklebemasse), kleine Steine, Ziergräser, Schleifenband, Kordel, feinen Kupferdraht, Rosenschere

GEWÜRZSTRAUSS

Die Düfte des Sommers einfangen: In diesem Strauß verbinden sich Rosen, Gewürze und Kräuter zu einer harmonischen Duftkomposition, die bis in den Winter hinein hält. Auch zu anderen Jahreszeiten läßt sich nach dieser Methode ein Gebinde zusammenstellen, das wochenlang ein würziges Aroma verbreitet.

Die Grundlage des Straußes ist ein Ring aus blattlosen Ranken, der mit Draht zusammengehalten wird. In den stabilen Unterbau binden Sie dann nacheinander die Blätter, die Blüten und die Fruchtstände ein. Der Draht muß zum Schluß völlig mit Grün bedeckt sein.

ANLEITUNG

- Die blattlosen Ranken zum Ring biegen und mit grünem Steckdraht an 3 Stellen umwickeln. Die überstehenden Enden der 3 Drähte zur Mitte des Ringes führen und dort zusammenbinden **(Abb. a)**.
- Um die Bindestellen zu verdecken, umwickelt man sie mit Naturbast. Die Enden herabhängen lassen. Danach mit Heißkleber 3 flache Muscheln auf den Bindestellen befestigen. Mit Sprühkleber Gewürze wie Muskatnüsse, Senf- und Kümmelkörner auf den Muscheln anbringen **(Abb. b)**.
- Kleine Zimtstangen bündeln und mit Golddraht andrahten **(Abb. c)**.
- Die Lorbeerblätter an den Stielen mit rotem Schmuckdraht umwickeln und zu einer langen Kette zusammenbinden **(Abb. c)**.
- Danach an den Ring von unten Ranken aus Salbei- und Zimtblättern, Ageratum, Thymianzweige sowie Borretsch anlegen **(Abb. d)**.
- In die Mitte die Rosen, den Dill und die Zimtstangen stecken. Die Lorbeerkette lose über Blätter und Blüten legen.
- Mit Blumendraht oder Naturbast den fertigen Gewürzstrauß abbinden.

TIP

Auch getrocknet behält der Gewürzstrauß seinen Charme. Sie brauchen nur nach einiger Zeit die Blüten in der Mitte des Gebindes auszuwechseln.

DAS BRAUCHEN SIE

Blattlose Ranken wie trockene Clematis, Rosen, flache Muscheln, Kümmel- und Senfkörner, Muskatnüsse, Zimtblätter, Salbei, Thymianzweige, Ageratum, Dill, Borretsch, Lorbeerblätter, Zimtstangen, Golddraht, roten Schmuckdraht, grünen Steckdraht, Blumendraht, Naturbast, Heißklebepistole, Sprühkleber

a

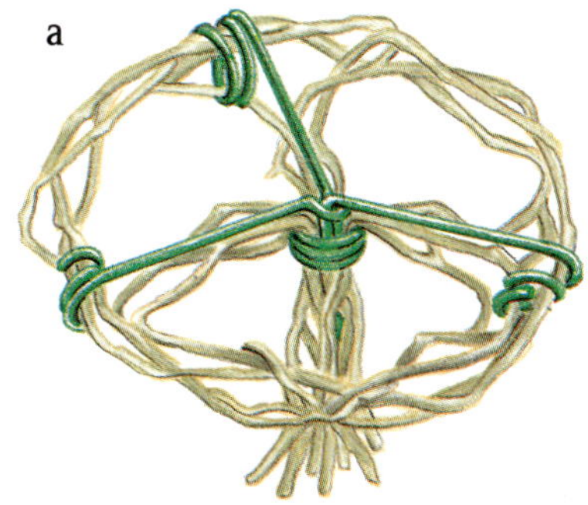

b

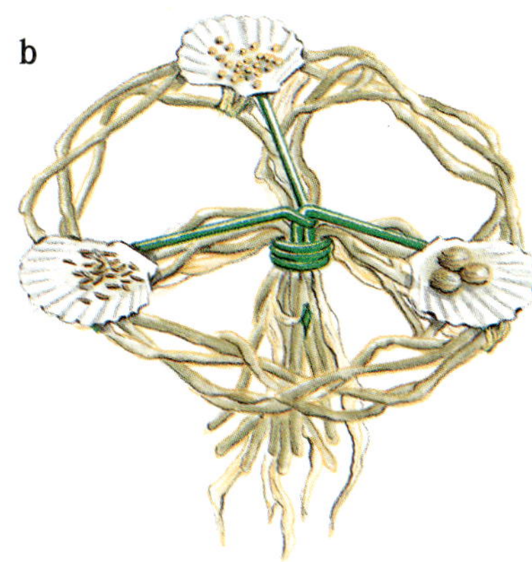

c

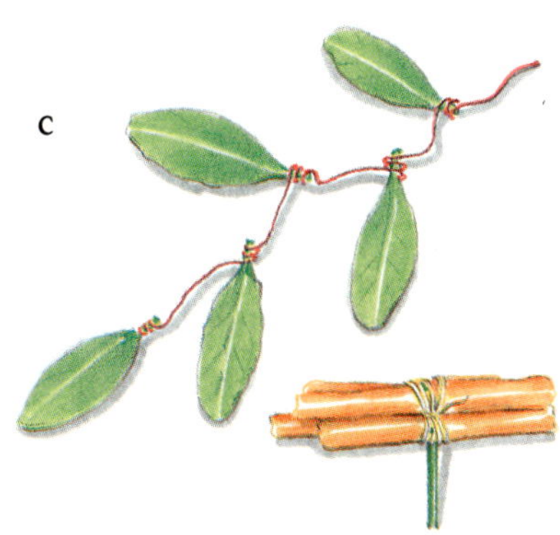

d

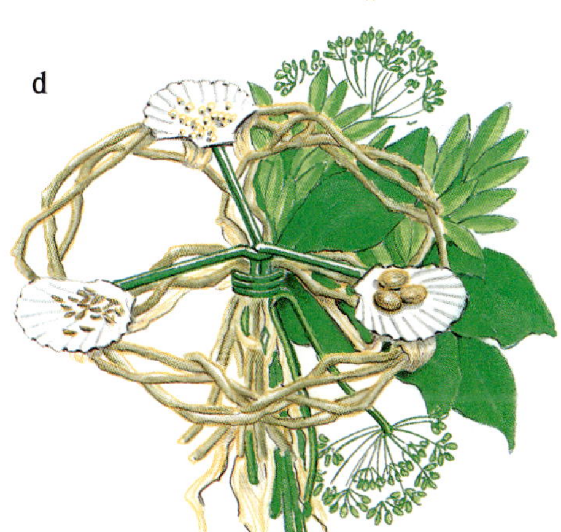

ERNTEDANK-ARRANGEMENT

Ein farbenprächtiger Strauß, dem man ansieht, daß sich der Sommer dem Ende zuneigt. Die gebleichten Ähren und die hellen Rosen scheinen die Sonnenstrahlen eingefangen zu haben.

Um diesen „Querstrauß" herzustellen, fertigen Sie zunächst einen Unterbau aus Ähren, Zweigen und Blättern an, in den Sie anschließend Rosen und wilde Pfefferminze stecken.

ANLEITUNG

- Die Ähren bündeln und der Länge nach lose mit Silberdraht umwickeln.
- Dann die Ähren in der Mitte mit zwei grünen Steckdrähten andrahten **(Abb. a)**. Das ist der Unterbau des Querstraußes.
- Um dem Gebinde Halt zu verleihen, wird es zunächst mit Efeuzweigen, Dill und Zimtblättern unterlegt. Das heißt, Blätter und Zweige werden seitlich durch den Drahtring geschoben.
- Anschließend die Rosen, die Ziergräser und die wilde Pfefferminze von oben in den Unterbau stecken und mit Naturbast zusammenbinden **(Abb. b)**.
- Den Strauß in eine passende Vase stellen und die Bastenden lang herunterhängen lassen.

a

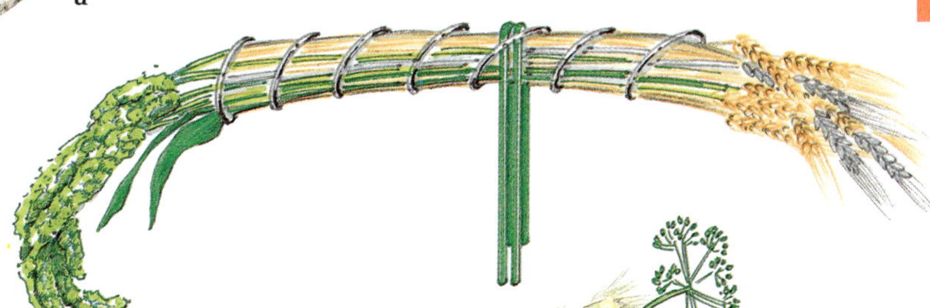

b

Das brauchen Sie

Roggen, Korallenhirse, gefärbte Silberähren, Efeu, wilde Pfefferminze, Zimtblätter, Ziergräser sowie weiße, cremefarbene und gelbe Freilandrosen, Dill, Vase, Naturbast, Silberdraht, grünen Steckdraht

KORB MIT TROCKENROSEN

Dieses wunderschöne Gesteck aus getrockneten Blüten, Gräsern und Früchten bringt Herbststimmung ins Haus. Was auf den ersten Blick wie zufällig zusammengestellt aussieht, entpuppt sich bei näherem Hinsehen als genau komponiertes Arrangement, das gezielt Farben und Formen einsetzt, um den Eindruck von überquellender Fülle, Vielfalt und Wärme zu erzeugen.

Zu den wichtigsten Gestaltungselementen gehören das Seidenband und die Stiefmütterchen. Das quer über den Korb gespannte Band kann scheinbar die Blüten und Gräser kaum noch bändigen und bringt dadurch die Fülle des Gesteckes erst richtig zur Geltung. Die zarten blauen Stiefmütterchen sorgen dafür, daß der Korb ein wenig leichter wirkt.

ANLEITUNG

- Die Gräser bündeln und andrahten. Blüten, Früchte und Zapfen ebenfalls mit je einem Drahtstiel versehen.
- Das Jutenetz und das Seidenband an einer Seite mit Draht umwickeln und die Drahtenden miteinander verdrillen.
- Den Korb mit Seidenpapier auslegen und mit Trockensteckmasse füllen. Die Steckmasse sollte genau in die Korbecken eingepaßt werden und bis etwa 2 cm unterhalb des Korbrandes reichen **(Abb. a)**.
- Anschließend die vorbereiteten Gräser, Zapfen, Blüten und Früchte in drei Schichten leicht schräg in die Steckmasse stecken. Dabei jeweils von vorn nach hinten arbeiten **(Abb. b)**.
- Das Jutenetz und den Naturbast in das Gesteck einsetzen und an einer Seite dekorativ über den Korbrand hinauslaufen lassen **(Abb. b)**. Einige Ähren quer über das Arrangement legen und mit Kupferdraht befestigen.
- Das ganze Gesteck lose mit Kupferdraht umwickeln.
- Dann das Seidenband über den Korb spannen und an den Henkeln verknoten.

a

DAS BRAUCHEN SIE

Flachen Weidenkorb mit Henkeln, Seidenpapier, Gräser, getrocknete Rosen, Pfingstrosen, Calla, Stiefmütterchen, Strandflieder, Zapfen, Amaranthus (Fuchsschwanz), Schafgarbe, Hagebutten, Naturbast, Seidenband, Jutenetz, Kupferdraht, Blumendraht, Messer, Trockensteckmasse, Schere, Heißklebepistole

b

TEATIME

Rosen zur Teestunde: Die Früchte dieser vielseitigen Blume sind im dekorativen Hagebuttenkranz zu bewundern, ihre Blütenblätter geben den Geleefrüchten den besonderen Geschmack und verleihen dem Tee das gute Aroma.

Rosentee ist ein erfrischender Genuß. Er kann sowohl heiß als auch kalt getrunken werden. Darüber hinaus spricht man ihm eine beruhigende Wirkung auf Magen und Herz zu.

ROSENTEE

ZUTATEN
1 l Wasser
6 bis 8 stark duftende Rosen

- Die Blütenblätter sauber von den Rosen abzupfen und in eine Teekanne geben.
- Die Blätter mit kochendem Wasser überbrühen und 5 bis 7 Minuten ziehen lassen.
- Danach den Tee umrühren und abgießen.

HAGEBUTTENKRANZ

- Den Steckschwammring ausgiebig wässern.
- Sonnenblumen und Hortensien andrahten.
- Die Rinde ebenfalls mit Drahtstielen versehen. Dazu 2 Löcher in die gegenüberliegenden Seiten der Rinde bohren, je ein Drahtstück durch ein Loch schieben und die Drahtenden miteinander verdrillen.
- Anschließend den Ring zu drei Vierteln mit Hagebutten bestecken. Die Früchte möglichst dicht setzen und die Zwischenräume mit kleinen Moosstücken auspolstern.
- Die Sonnenblumen und die Hortensien in den Steckschwamm einsetzen.
- Die Rinde an den Drahtstielen auf dem Kranz befestigen und mit frischem Moos auskleiden. Größere Moosstücke mit Drahtkrampen in die Unterlage stecken.
- Dann die Hopfenranken einarbeiten. Mit einigen Gräsern das Gesteck verzieren.
- Eine Hagebuttenranke in den Steckschwamm drücken und über die Früchte und das Moos „fließen" lassen. Die Ranke soll die Form des Kranzes locker umspielen.
- An einem optisch zentralen Punkt des Gesteckes das Seidenband, die Kordel und den Naturbast festbinden.

Hinweis: Das Rezept für die Rosengeleefrüchte finden Sie auf Seite 87.

DAS BRAUCHEN SIE

Hagebuttenzweige, Rinde, Steckschwammring, Moos, verblühte Sonnenblumen, Hortensien, Gräser, Kordel, Seidenband, Hopfenranke, Naturbast, Blumendraht, Drahtkrampen, Messer

WANDKRANZ - EINMAL ANDERS

Kränze für die Wand haben das ganze Jahr über Saison. Ein freier Platz in der Wohnung wird sich für diesen aparten Kranz aus Rosenzweigen und Trockenblumen sicher finden.

Die Blüten, Früchte und Blätter werden weder in den Kranz gesteckt, noch werden sie aufgebunden. Statt dessen fertigt man aus den Trockenmaterialien lange Ketten aus Silberdraht an und wickelt sie lose um den Rohkranz aus Rosenzweigen. Eine verblüffend einfache, dafür sehr wirkungsvolle Methode.

ANLEITUNG

■ Von den Rosenzweigen die Blätter entfernen. Dann die Zweige zu einem Ring zusammenfassen und an 4 Stellen mit Naturbast abbinden **(Abb. a)**. Bei dieser Arbeit sollten Sie Ihre Hände unbedingt mit Handschuhen schützen.

■ Die getrockneten Rosenblüten, das Nigella, die Silberblätter, die Ritterspornblüten, die Hagebutten und die Hortensienblüten auf etwa 3 cm kürzen und an den Stielen in gleichen Abständen auf lange Silberdrahtfäden wickeln. Die so entstehenden Trockenblumenketten lose um den Kranz winden **(Abb. b)**.

■ Für die Aufhängung einige weitere Bastfäden um das obere Ende des Kranzes wickeln und dabei die Hopfenbüschel mit einbinden. An die lose herabhängenden Bastenden kleine Hagebutten knoten **(Abb. c)**.

■ Danach den Wandkranz mit dem Hängeamaranthus schmücken. Die langen Ähren mit Silberdraht an den Rosenzweigen befestigen.

b

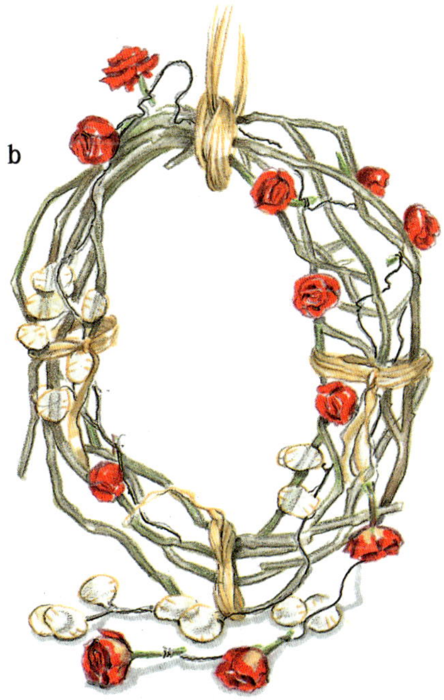

a

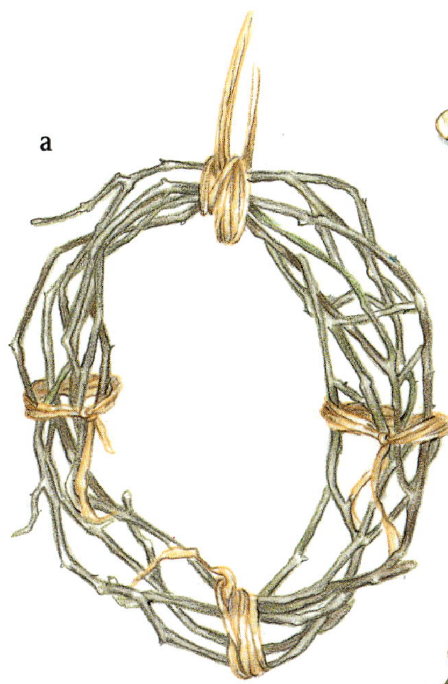

DAS BRAUCHEN SIE

Rosenzweige, Nigella, getrocknete Rosenblüten, Silberblätter, Ritterspornblüten, Hagebutten, Hortensienblüten, Hopfen, Hängeamaranthus (Fuchsschwanz), Naturbast, Silberdraht, Rosenschere, Arbeitshandschuhe

c

JUGENDSTIL-IMPRESSIONEN

Elegant, klar und kühl wirkt das Blumenarrangement in Jugendstilmanier. Kennzeichnend für die Kunstrichtung des Jugendstils sind deutlich gesetzte Akzente und anmutig geschwungene Linien. Das bedeutet für diesen Strauß: Jedes Blatt, jede Blüte und jeder Zweig, der von der Grundform der Kompositon ablenken könnte, muß vorher entfernt werden.

Beim Binden des Straußes kommt es nicht so sehr darauf an, genau die gleichen Pflanzen wie auf dem Foto auszuwählen. Viel wichtiger ist es, den Charakter des Gebindes zu erkennen und das Zusammenspiel von Vase, Blüten und Zweigen herauszuarbeiten.
Jugendstil war die herrschende Kunstrichtung der Jahrhundertwende. Das Spiel mit natürlich gewachsenen Formen, die sogenannte Schlingpflanzenlinie, und lineare Ornamente sind typisch für diesen Stil, der das Lebensgefühl der damaligen Zeit ausdrückt und gleichermaßen Buchgrafik, Baukunst und Kunsthandwerk beeinflußte.

GEFÄSS- UND PFLANZENAUSWAHL

- Original Jugendstilvasen sind natürlich am besten für das Arrangement geeignet, Sie können aber auch andere schmale, hohe Vasen aus Porzellan oder Glas verwenden.
- Für den Strauß benötigen Sie schöne Ranken aller Art und nach unten wachsende Triebe und Zweige. Große Blüten wie weiße Lilien und lange Blätter, beispielsweise von der Aspidistra, verleihen dem Bukett den leicht exotischen Hauch. Um die Bindestelle abzudecken, wählt man eine kompakte Form wie die Blüte einer Hortensie.

PFLANZEN VORBEREITEN

Sämtliche Blumen, Zweige und Ranken werden so lange bearbeitet, bis die natürliche Grundform zum Vorschein kommt.

- Zweige, Ranken und Triebe ganz oder teilweise auslichten. Das bedeutet: Blätter, Seitentriebe und unter Umständen auch Stacheln entfernen.
- Zweige und Triebe vorsichtig biegen, bis sie eine geschwungene Linie aufweisen.

STRAUSS BINDEN

- Den Rosenzweig, die Brombeerzweige, die Weihrauchranke und den Glyzinentrieb zu einem Strauß zusammenfassen.
- Dann die Lilie und die Aspidistrablätter anlegen.
- Die Hortensienblüte in den unteren Teil des Gebindes setzen und den Strauß mit Naturbast abbinden. Die Hortensienblüte verdeckt die Bindestelle.
- Den Strauß in eine schlanke Vase stellen und mit einer Quastenkordel schmücken.

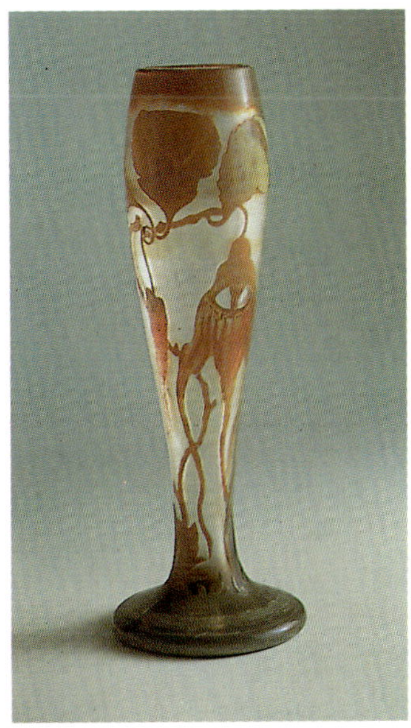

DAS BRAUCHEN SIE

Jugendstilvase oder eine andere schmale, hohe Vase, langen hängenden Rosenzweig, Brombeerzweige, Aspidistrablätter, Weihrauchranke, Glyzinentriebe, weiße Lilie 'Longiflorum', Hortensienblüte, Kordel mit Quasten, Naturbast, Messer

SEEROSENARRANGEMENT

Wer keinen eigenen Gartenteich besitzt oder sich an der Schönheit der Seerosen auch im Haus erfreuen möchte, für den ist dieses außergewöhnliche Blumenarrangement genau das Richtige. Wie in einem Miniteich schwimmen hier die Blüten im Wasser und werden von verschiedenen Grünpflanzen umspielt. Ein außergewöhnliches Arrangement, das Sie als Tisch- wie als Fensterschmuck lange erfreuen wird.

Obwohl sie genaugenommen nicht zur Familie der Rosen gehören, stehen Seerosen ihren an Land wachsenden Namensvettern an Schönheit und Anmut in nichts nach.
Die für das Arrangement benötigten Seerosenblüten erhalten Sie in Gartencentern und in Wasserpflanzengärtnereien. Sie können Sie auch dem eigenen Teich entnehmen oder einen befreundeten Wassergartenbesitzer um einige Exemplare bitten. Wild wachsende Seerosen dürfen nicht geschnitten werden – sie stehen unter strengem Naturschutz!

EIN WENIG WISSENSWERTES

Die sich direkt auf der Wasseroberfläche entfaltenden Blüten der Seerosen begeistern von alters her die Menschen. Bereits im 3. Jahrhundert vor Christus wurden sie in Ägypten als Opfergabe auf die Altäre von Gottheiten gelegt. Auch in Griechenland und in China brachte man ihnen früh große Bewunderung entgegen und stellte sie auf Wandmalereien und Keramiken dar. In Europa begann das Interesse an der reizvollen Wasserstaude Mitte des letzten Jahrhunderts. Heute zählen Seerosen zu den beliebtesten Pflanzen in unseren Gartenteichen. Immer mehr neue Züchtungen erweitern die Farb- und Formenvielfalt dieser ausdrucksstarken Blume.

ANLEITUNG

- Die Stengel der Seerosen kürzen. Einige Blätter als Dekoration auswählen.
- Eine große Schmuckschale mit Wasser füllen und die Blüten hineinlegen.
- Zu den Seerosen weitere Grünpflanzen geben und eventuell Schneckengehäuse, Muscheln und kleine Steine hinzufügen.
- Wasserlinsen verstärken den Eindruck eines Miniteiches.
- Das Arrangement mit kleinen weißen Schwimmkerzen abrunden.

WICHTIG

Seerosen brauchen viel Wasser und Sonne zum Gedeihen. Sie öffnen morgens ihre Blüten und schließen sie abends wieder. Um dieses Naturschauspiel beobachten zu können, stellen Sie das Arrangement an einem warmen, hellen Platz auf und versorgen die Blumen stets mit frischem Wasser.

DAS BRAUCHEN SIE

Große dekorative Schale, Seerosen, Grünpflanzen, Schneckengehäuse, Muscheln, kleine Steine, Wasserlinsen, weiße Schwimmkerzen, Gartenschere oder scharfes Messer

ROSEN IM RAHMEN

Rote Rosen sind bildschön – deshalb passen sie auch gut in einen Bilderrahmen! Eine außergewöhnliche Gestaltungsidee, die getrocknete Rosenblüten besonders schön zur Geltung bringt.

Alles, was Sie hierfür benötigen, sind ein alter Bilder- oder Spiegelrahmen sowie jede Menge getrocknete Rosenblüten. Für das große Bild links wurden beispielsweise 200 Blüten verwendet. Als zusätzliche Verzierung können Sie Muscheln, Schneckengehäuse und Perlen andrahten und zwischen die Rosen setzen.

RAHMEN VORBEREITEN

■ Zuerst den Bilder- oder Spiegelrahmen mit goldfarbenem Emaillelack bemalen.
■ Dann ein Stück Jutestoff zuschneiden und von hinten an den Rahmen spannen. Wenn noch eine Rückwand vorhanden ist, klemmen Sie den Stoff einfach ein, andernfalls heften Sie ihn fest.
■ Statt der Jute können Sie ebensogut Trockensteckmasse verwenden. Dazu einen Ziegel Steckmasse in gleich große, flache Teile schneiden und mit diesen Stücken die Bildrückwand oder die Spiegelfläche bekleben. Die Rosen auf dem großen Bild links wurden nach dieser Methode befestigt.

BILDER GESTALTEN

■ Die Rosen etwa 2 cm unterhalb der Köpfe abschneiden und dicht nebeneinander in die Steckmasse oder den Jutestoff stecken. Von dem Untergrund darf zum Schluß nichts mehr zu sehen sein.
■ Für das **kleine Bild** zusätzlich angedrahtete Wachsperlen zwischen den Rosenblüten befestigen und dünnen Golddraht zur Verzierung anbringen. Die Blüten mit Goldpuder bestreuen.
■ Für das **große Bild** angedrahtete vergoldete Muscheln und ein ebenfalls angedrahtetes Schneckenhaus zwischen die Rosenblüten stekken. Danach das ganze Bild mit Klarlack besprühen. Das sieht sehr schön aus und ist außerdem ein Schutz für die zarten Rosenblätter.

TIP

Eine hübsche Variante ist auch die Kombination eines Schwarzweißfotos mit einem Rosenbild. Hierfür stecken Sie das Foto in den Rahmen und kleben ein paar getrocknete Rosenblüten am unteren Bildteil fest.

DAS BRAUCHEN SIE

Alten Bilderrahmen oder Spiegel, goldfarbenen Emaillelack, Jutestoff oder Trockensteckmasse, Blumendraht, viele getrocknete rote Rosen, weiße Wachsperlen, Goldpulver, dünnen Golddraht, Schneckengehäuse, Muscheln, flüssigen Klebstoff, Klarlackspray (hochglänzend), Schere, Messer oder Gartenschere

ROSENKUGELN

Diese dekorativen Zierkugeln sehen nicht nur bezaubernd aus, sie verwandeln auch Ihr Wohnzimmer in einen duftenden Rosengarten, wenn Sie sie mit einigen Tropfen Rosenöl beträufeln. Rosenkugeln kann man in einer Schale arrangieren oder an einem Band befestigen und in das Blumenfenster hängen.

Die für den Kern benötigten Hartschaumkugeln erhalten Sie in unterschiedlichen Größen in Hobbygeschäften. Dort bekommen Sie auch getrocknete Rosen. Preiswerter ist es jedoch, frische Rosen aus dem eigenen Garten oder dem Blumenladen selbst zu trocknen (siehe Seite 73 „Dekorieren").

ANLEITUNG

- Die Stiele sämtlicher getrockneter Rosen 3 cm unterhalb der Blüte abschneiden.
- Jede Rosenknospe einzeln an dem Stiel in die Hartschaumkugel stecken. Eventuell die Löcher mit einer dicken Stopfnadel vorstechen.
- Besonders fest sitzen die Blüten in der Kugel, wenn Sie auf die Stiele vor dem Einstechen einen Tropfen Heißkleber geben.
- Bei Kugeln zum Aufhängen wird zuerst das Schmuckband befestigt. Dazu das Band an einem Ende mehrfach mit Blumendraht umwickeln und die Drahtenden mit Heißkleber in die Kugel stecken. Die Aufhängung mit einer Schleife verzieren.

GESTALTUNGS-VARIATIONEN

- Stecken Sie aus verschiedenfarbigen Rosenblüten Muster wie Ringe, Streifen oder Punkte.
- Bestäuben Sie die fertige Kugel mit Goldpulver, oder umwickeln Sie sie mit Golddraht.
- Beträufeln Sie die Rosenkugel mit Duftöl.
- Kombinieren Sie die Rosenknospen mit getrockneten Blüten einer anderen Blumensorte.

DAS BRAUCHEN SIE

Viele getrocknete Rosenknospen, Hartschaumkugel, Blumendraht, Schmuckband, Goldpulver, Golddraht, dicke Stopfnadel, Heißklebepistole, Gartenschere

KERZENLEUCHTER

Man kann gar nicht genügend von diesen edlen Kerzenleuchtern aus Terracotta oder Metall haben, die durch eine stilvolle Blütendekoration erst richtig zur Geltung kommen. Mit einer langen, schlanken Kerze ausgestattet sind die Leuchter wie geschaffen für die festliche Tafel.

Die kunstvollen Gebinde aus Stoffrosen und Zierfrüchten sind leichter herzustellen, als Sie vielleicht annehmen. Sie wickeln erst die Dekorationsmaterialien um ein Drahtstück in der passenden Länge und bearbeiten die Ranke so lange, bis sie Ihnen gefällt. Erst dann wird das Gebinde auf den Kerzenständer geklebt und in die endgültige Form gebracht.

TERRACOTTA-LEUCHTER

■ Ein Stück Draht der Länge des Gebindes entsprechend zuschneiden. Mit diesem sogenannten „Führungsdraht" bestimmen Sie, wie üppig Sie Ihren Kerzenständer schmükken wollen.

■ Das gesamte Dekorationsmaterial bindegerecht vorbereiten. Das heißt, alle Blü-

ten, Blätter und Trauben auf etwa 5 cm kürzen und auf dem Arbeitstisch sortiert zurechtlegen.

■ Dann das Material der Reihe nach einbinden. Dabei mit den kleineren Teilen beginnen wie einem Blatt, ein paar grünen Brombeeren und ein wenig Dschungelmoos.

■ Arbeiten Sie die Ranke von den beiden Enden zur Mitte hin – also von außen nach innen –, und verdecken Sie den Abschluß mit einer Blüte oder einem Band. In der Mitte sollte sich das Gebinde verdicken und zu den Rändern hin schmal auslaufen.

■ Die fertige Ranke mit Heißkleber auf dem Terracottaleuchter festkleben.

■ Nun können Sie den Ständer und das Gebinde noch mit Drahtband, Kordel, Schnecken und Goldperlen schmücken.

■ Kleine Goldtropfen entstehen, wenn Sie etwas Heißkleber auf den Kerzenleuchter fließen lassen und auf die erkalteten Tropfen mit einem Pinsel Goldstaub auftragen.

■ Das Gebinde mit etwas Goldpulver bestäuben.

METALLEUCHTER

■ Den Holzring zu drei Vierteln mit dunkelgrünem Satinband umwickeln und mit Golddraht verzieren.

■ Blätter, Beeren, Rosen und Dschungelmoos auf das freie Stück des Ringes binden. Dabei wieder von außen nach innen arbeiten und in die Mitte die Hortensie und die Schnecke kleben.

■ Den Ring mit Golddraht am Kerzenhalter befestigen.

■ Das apricotfarbene Satinband zu einer üppigen Schleife legen, mit Golddraht abbinden und oben auf dem Ring festkleben.

■ Einige Straßsteine mit Heißkleber an dem Kerzenständer anbringen und das Gebinde mit Goldpulver verzieren.

DAS BRAUCHEN SIE

Terracottaständer, Drahtständer, Holzring, Kerzen, gummierte Wein- und Rosenblätter, Stoffrosen in verschiedenen Farben, außerdem Deko-Blumen und -Früchte wie Hortensien, Trauben und Brombeeren, Dschungelmoos, Goldzweige, Goldperlen, Goldwolle, Schneckengehäuse, Straßsteine, Kordel, Drahtband, Satinband, Goldpulver, grünen Bindedraht, Schere, Heißklebepistole

STROHHUT

Verspielte Wanddekoration: ein Strohhut mit Blütenkranz.

Rosenblüten, Blätter, Beeren, Zierbänder und Perlen werden zu einem üppigen Gebinde zusammengefaßt und auf der breiten Krempe eines Strohhutes befestigt.

ANLEITUNG

- Als Bindegrundlage ein Stück Draht mit der Länge des halben Hutumfangs zuschneiden.
- Das gesamte Material auf 5 cm kürzen und nach Sorten geordnet zurechtlegen.
- Anschließend Rispen, Beeren und Blüten, Farn und Blätter nacheinander auf den Draht wickeln. Dabei an einem Ende des Drahtes beginnen und die Unterlage zu drei Vierteln bedecken. Dann die Ranke vom anderen Ende des Drahtes her zur Mitte hin wickeln und fertigstellen.
- Das Gebinde mit Heißkleber auf der Hutkrempe befestigen.
- Rotes Drahtband zu einer Schleife legen und auf den Übergang kleben.
- In grünes Organdyband ein paar Knoten schlagen und das Band in großen Windungen um die Blüten legen. Den Naturbast zurechtschneiden und mit Heißkleber in das Gebinde setzen.
- Die Glaskugel und die roten Pfefferkörner aufkleben.
- Wachsperlen auf Golddraht fädeln und lose über das Gebinde legen. Blätter und Beerendolden andrahten und einarbeiten.
- Für die Deko-Spiralen feinen Golddraht um einen Stift wickeln. Dann den Draht wieder abziehen und die Spirale zwischen die Blüten setzen.
- Anschließend mit Goldwolle und Goldpulver das Gebinde verzieren.

DAS BRAUCHEN SIE

Strohhut, Stoffrosen, Blütenrispen, gummierte Blätter und Weinlaub, außerdem Deko-Materialien wie Beeren, Beerenpick, Himbeeren und Büschelfarn, rote Pfefferkörner, rotes Drahtband, grünes Organdyband, grünen Naturbast, Golddraht, Wachsperlen, Glaskugel, Goldwolle, Goldpulver, grünen Bindedraht, Zange, Schere, Heißklebepistole

SEIDENBLUMENBILDER

Aus Stoffblüten und -blättern, Ziersteinen, Muscheln und Schmuckbändern lassen sich edle Bilder anfertigen, die Sie farblich auf die Einrichtung Ihrer Wohnung abstimmen können. Auch jahreszeitliche Impressionen oder Urlaubseindrücke kann man auf diese Art und Weise festhalten.

Ein wichtiges Gestaltungselement der Seidenblumencollagen ist der Hintergrund. Bevor Sie mit dem Aufkleben der Dekorationsmaterialien beginnen, wird deshalb zuerst die Rückwand bearbeitet und mit Goldspray verziert.

COLLAGE MIT BLAUEM RAHMEN

- Auf den Holzrahmen mit textiler Bespannung ein Dreieck mit Goldspray aufsprühen. Dazu eine Kartonschablone verwenden, aus deren Mitte eine Dreiecksform ausgeschnitten wurde.
- Den blauen Bambusstab mit Metallicband umwickeln, mit Golddraht verzieren und an der Längsseite des Rahmens festkleben.
- Die dünnen Cannastiele bündeln und an einem Ende auf dem Bild befestigen. Die Stiele leicht anbrechen und an ihrem anderen Ende auf den Rahmen kleben.
- Das Fadengras neben dem Bambusstab anbringen und die Collage mit der Blattscheibe, den blauen Hanfscheiben, den Rosen, dem Ananasgewächs und den Blättern gestalten.
- Eine Kugel aus Golddraht formen und auf dem Rahmen festkleben. Das Schneckengehäuse und die blauen Ziersteine ebenfalls mit Heißkleber anbringen.
- Zum Schluß die Collage mit Goldpulver überstäuben.

ROSENBILD AUF GOTIKPAPIER

- Das Gotikpapier auf die Größe des Rahmens zuschneiden und mit Heißkleber auf der Rückwand befestigen.
- Mit Goldspray 2 Kreise auf das Papier auftragen. Dazu die Farbe über die Ränder einer kreisförmigen Kartonschablone sprühen.
- Das Stripgras und den Schachtelhalm auf das Bild kleben. Die Papier- und die Schleierblätter anbringen.
- Die Rosen, die Beeren, das Glasdonut und die Perlmuttmuschel anordnen und festkleben. Aus Bouillondraht kleine Bällchen formen und anbringen.
- Einen Stab mit Metallicband umwickeln, mit Golddraht verzieren und ebenfalls mit Heißkleber befestigen.
- Einige Glasperlen auf Golddraht fädeln und das Bild damit verzieren.

- Ein Hauch Goldpulver verleiht der Collage ein edles Aussehen.

DAS BRAUCHEN SIE

Holzrahmen mit textiler Bespannung, Goldrahmen, blauen Bambus, Seidenrosen, Fadengras, Hanfscheiben, Blätterscheibe, Stoffblätter, Cannastiele, Beerenrispen, blaue Ziersteine, Hortensien, blaues Ananasgewächs, Stripgras, Schachtelhalm, Schleierblatt, Glasdonut, Perlmuttmuschel, Glasperlen, Metallicband, Gotikpapier, Goldspray, Golddraht, Goldpulver, Bouillondraht, Karton, Zange, Schere, Heißklebepistole

GESCHENKIDEEN

SAG' ES MIT HERZ

Wer würde sich nicht über einen so freundlichen Rosengruß freuen? Er ist ein außergewöhnliches Geschenk für einen besonders lieben Freund, die beste Freundin oder einen nahen Verwandten. Auch als Muttertagsüberraschung können Sie diesen originellen Blumenstrauß überreichen.

Die Herzform wird aus Steckdraht gebildet, den man mit Schmuckband eng umwickelt. In einen Unterbau aus Drähten und Rosenzweigen stecken Sie zum Schluß die Blumen. Das Rosenherz wird übrigens nach dem gleichen Prinzip wie der Gewürzstrauß auf Seite 41 gearbeitet.

ANLEITUNG

■ Aus Steckdraht eine Herzform biegen. 4 Drähte an der Form befestigen, zur Mitte führen und dort zusammenbinden **(Abb. a)**.

■ Das Herz mit Schmuckband umwickeln und das Drahtgestell mit grünen Rosenblätterzweigen abstützen **(Abb. b)**.

■ Die Rosen entdornen, von den Blättern weitgehend befreien und anschneiden. Dann jede Rose einzeln von der Mitte aus in die Herzform hineinbinden. Den fertigen Strauß mit Naturbast umwickeln.

■ Die Stiele mit einer Rosenschere so zuschneiden, daß der Strauß von allein steht **(kleines Foto)**.

■ Das Gebinde in eine dekorative Schale mit hohem Rand stellen und mit frischem Wasser versorgen.

DAS BRAUCHEN SIE

Etwa 45 Rosen einer Farbscala, Schale mit hohem Rand, Steckdraht, Schmuckband, Naturbast, Rosenschere

a

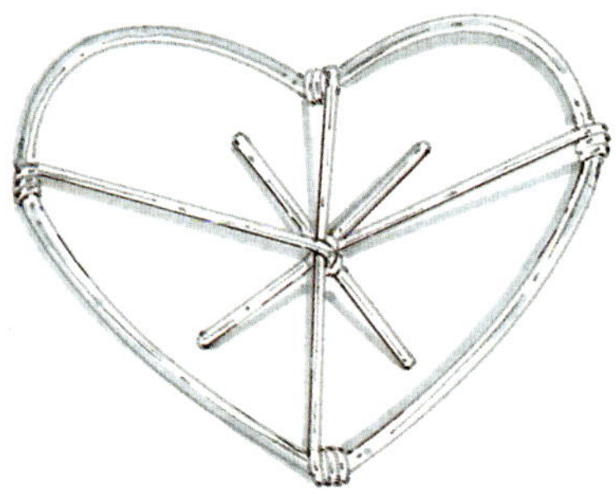

b

NOSTALGIE

Fast zu schade zum Auspacken: In diesem dekorativ verhüllten Karton, aus dem ein Rosenstrauß ragt, verbirgt sich eine Vase. Der Empfänger des Geschenks kann den Strauß auch in der Verpackung aufstellen und erst, wenn die Blumen verblüht sind, die Hülle aufreißen.

Die originelle Vasenverpackung lebt von dem harmonischen Zusammenspiel des Rosenstraußes mit dem nostalgischen Geschenkpapier. Mit einfachen Mitteln wurde hier eine Verpackung angefertigt, die selbst einen Teil des Geschenkes bildet.

ANLEITUNG

■ Die Vase in einen festen Karton stellen, die Verpackung verschließen. An der Stelle, an der sich die Vasenöffnung befindet, ein Loch mit einem Bastelmesser in den Karton schneiden.
■ Die Schachtel in das Geschenkpapier wickeln. Hierbei darauf achten, daß ein schönes Motiv auf der Sichtseite der Verpackung plaziert wird. Die Kanten mit doppelseitigem Klebeband verschließen.
■ Über dem Loch in dem Karton das Geschenkpapier etwas aufreißen und die Vase vorsichtig zur Hälfte mit Wasser füllen.
■ Die Rosen gestaffelt binden und dabei einige Ziergräser einarbeiten. Den Strauß in die Vase stellen.
■ Eine goldfarbene Quaste seitlich auf dem Paket mit Doppelklebeband anbringen.

DAS BRAUCHEN SIE

Vase, Karton, Geschenkpapier mit nostalgischen Motiven, Rosen, verschiedene Ziergräser, goldfarbene Quaste, doppelseitiges Klebeband, Bastelmesser, Schere

ROMANTISCHE ROSENSTRÄUSSE

„Kleine Geschenke erhalten die Freundschaft", heißt es nicht ohne Grund. Mit einem romantisch-verspielten Rosenstrauß liegen Sie sicher richtig, zumal wenn es sich um eine ausgefallene Kreation aus Rosenblüten, Dill und grünem Holunder handelt. Übrigens: Mit einem kleinen Nostalgiestrauß kann man sich auch selbst beschenken.

Damit die Blüten, Fruchtstände und Gräser anmutig fallen, werden die Sträuße spiralig gebunden. Das heißt, die Stiele sind ähnlich wie bei einem Mikado-Spiel – kurz vor dem Loslassen der Stäbchen – angeordnet. Mit einer Stoffborte oder einer Perlenschnur setzt man zum Schluß besondere Akzente.

NOSTALGIESTRAUSS IN ROSÉ

■ Die Stiele der Blumen bis zur Bindestelle von Blättern und Stacheln befreien und jeden Stiel unten mit einem scharfen Messer schräg anschneiden.

■ Den Stiel der ersten Blume leicht nach rechts geneigt halten und die zweite Blume nach links zeigend darüberlegen. Die weiteren Stiele ebenfalls nach links geneigt dazuordnen.

■ Binden Sie abwechselnd Rosen, Dill und Gräser zusammen, und setzen Sie an einer markanten Stelle die auffallenden Ähren des Hängeamaranthus und die Wickenranke ein. Den Abschluß bildet eine Manschette aus Aralienblättern und Farnwedeln.

■ Den Strauß mit Naturbast binden, eine Stoffborte an der Bindestelle befestigen.

STRAUSS MIT GELBEN ROSEN

■ Die Schmuckperlen in loser Folge auf den Kupferdraht fädeln. Damit sie fest sitzen, den Draht zweimal durch das Loch in jeder Perle führen.

■ Die Blumen im unteren Drittel säubern und mit einem Messer schräg anschneiden.

■ Die Stiele der ersten beiden Blumen über Kreuz anlegen und die weiteren Stiele nach links geneigt dazuordnen. Es entsteht nach und nach eine Spirale, an deren schmalster Stelle man die Stiele mit der Hand umfaßt.

■ In loser Folge werden bei diesem Strauß die Rosen, das Nigella, die Matricaria, der Dill und der grüne Holunder zusammengebunden. Den Abschluß bilden größere Efeublätter sowie eine Efeuranke.

■ Die Perlenkette lose um die Blüten und Blätter des Straußes winden.

DAS BRAUCHEN SIE

Roséfarbene Rosen, Farnwedel, Hängeamaranthus (Fuchsschwanz), Wickenranken, Aralienblätter, Dill, Gräser, Stoffborte, gelbe Rosen 'Golden Times', Nigella, grünen Holunder, Efeu, Matricaria (Teppichkamille), Schmuckperlen, Kupferdraht, Naturbast, Messer

POTPOURRI-IDEEN

Rosen bezaubern nicht nur durch ihre Schönheit, sondern auch durch ihren außergewöhnlichen Duft. Aus getrockneten Rosenblättern können Sie ein Potpourri herstellen, das ein wunderbares Aroma in Ihrer Wohnung verbreitet.

Der Duft des Rosenpotpourris kommt am besten in Porzellanschalen, Glasgefäßen oder Holzschüsseln zur Geltung. Die Mischung wird mit einigen getrockneten Rosenblüten verziert, die Sie selbst mit wenig Aufwand vorbereitet haben.

POTPOURRI

■ Das Zimtpulver, das Veilchenwurzelpulver und das Benzoeharz in eine kleine Schüssel geben. Die ätherischen Öle hinzufügen und alles sorgfältig miteinander vermengen. Um den Duft der Öle wirksam werden zu lassen, die Mischung zwischen den Fingern reiben.

■ Blütenblätter, Lavendel, Zitronenstrauchblätter, Vanilleschote und Gewürznelken in eine große Schüssel geben, die erste Mischung hinzufügen und alles gut miteinander vermengen. Das Potpourri in ein luftdichtes Gefäß füllen und mindestens 6 Wochen an einem dunklen Ort ziehen lassen. Es sollte anfangs täglich einmal kräftig geschüttelt werden.

■ Anschließend das Potpourri in eine flache Schale geben und mit getrockneten Rosenblüten schmücken (siehe Deko-Rosen). Den Rest der Mischung wieder in dem luftdichten Gefäß verschließen.

ZUTATEN

1 l getrocknete Rosenblütenblätter
50 g Zitronenstrauchblätter
20 g Lavendel
25 g Veilchenwurzelpulver
2 TL Zimtpulver
½ TL Gewürznelken
¼ TL Vanilleschote
5 Tropfen Rosenöl
1 Tropfen Patschuliöl
2 Tropfen Lavendelöl
2 EL Benzoeharz

DEKO-ROSEN

■ Die frischen Rosen etwa 2 cm unterhalb der Köpfe abschneiden.

■ Den Boden eines luftdichten Behälters mit einer Schicht Trockenmittel bedecken. Dann die Rosenköpfe aufrecht in diese Schicht stellen und nach und nach das übrige Trockenmittel hinzugeben. Mit einem feinen Pinsel das Mittel so zwischen den Blüten verteilen, daß alle Blätter ganz eingebettet sind. Die Blumen müssen von dem Trockenmittel völlig bedeckt sein.

■ Den Behälter verschließen und mit Klebeband abdichten. Die Trockenzeit beträgt – je nach verwendetem Trockenmittel – zwischen 2 und 20 Tagen. Mit Silika-Gel dauert der Trockenprozeß 2 Tage, in Borax- und Alaunpulver benötigen die Rosen etwa 10 Tage und in Quarzsand eingelegt sind die Blüten nach etwa 20 Tagen getrocknet.

DAS BRAUCHEN SIE

Trockenmittel wie Silika-Gel, Quarzsand, Alaun- oder Boraxpulver sowie frische Rosen, kleine und große Schüssel, luftdichtes Gefäß, flache Schale, feinen Pinsel, Klebeband

DUFTSÄCKCHEN

Wie zu Großmutters Zeiten findet man sie heute wieder im Wäscheschrank, in der Kommode und sogar unter dem Kopfkissen: kleine Stoffsäckchen, die ein zartes Aroma verbreiten. Je nach Füllung wirken die Beutel belebend, konzentrationsfördernd oder beruhigend – sie vertreiben sogar Ungeziefer aus den Schränken. Unsere Rosenduftsäckchen sind viel zu schade, um sie ausschließlich unter Wäschestücken zu verstecken. An einem Schmuckband kann man sie auch im Zimmer aufhängen.

Vor dem Zusammennähen werden die Duftsäckchen mit dem Rosenmotiv bestickt. Dazu spannt man den zugeschnittenen Stoff (siehe Nähanleitung) gleichmäßig straff in den Stickrahmen und stickt das Motiv nach der Vorlage im Kreuzstich aus. Ganz nach Belieben können Sie zwischen einer hellrosa, dunkelrosa, gelben, weißen oder fliederfarbenen Blüte wählen.

NÄHANLEITUNG

- Für ein Säckchen ein Stoffquadrat mit einer Seitenlänge von 18 cm zuschneiden.
- Wer möchte, stickt nun auf eine Hälfte des Stoffes das Rosenmotiv auf.
- Dann die obere Kante des Stoffteils zweimal je ½ cm nach links umschlagen und schmalkantig feststeppen.
- Den Stoff rechts auf rechts auf die Hälfte falten. Die offene Längsseite und die unversäuberte Schmalseite zunähen und mit Zickzackstich versäubern.
- Den Beutel auf die rechte Seite wenden, mit einem Potpourri zu drei Vierteln füllen und mit einem schmalen Satinband verschließen.

FÜLLUNG

- Für die Duftsäckchen können Sie die unterschiedlichsten Potpourrimischungen verwenden. Im Handel werden Potpourris verschiedener Duftrichtungen angeboten.
- Passend zum aufgestickten Rosenmotiv finden Sie auf Seite 73 ein wunderbar duftendes Rosenpotpourri.
- Eine beruhigende Wirkung soll folgendes Potpourri besitzen: Vermengen Sie zu gleichen Teilen Rosenblüten-, Melisseblätter und Hopfen mit Veilchenwurzelpulver, und fügen Sie der Mischung einige Tropfen Rosen- sowie Melisseöl hinzu.

DAS BRAUCHEN SIE

Leinen, Halbleinen oder Baumwolle, Stickrahmen und Sticknadel, Stickgarne, Schere, schmales Satinband, gekauftes oder selbstgemachtes Potpourri

BLÜTE	STIL UND BLÄTTER
□ Hell	○ Hellgrün
╱ Mittel	╳ Mittelgrün
■ Dunkel	● Dunkelgrün

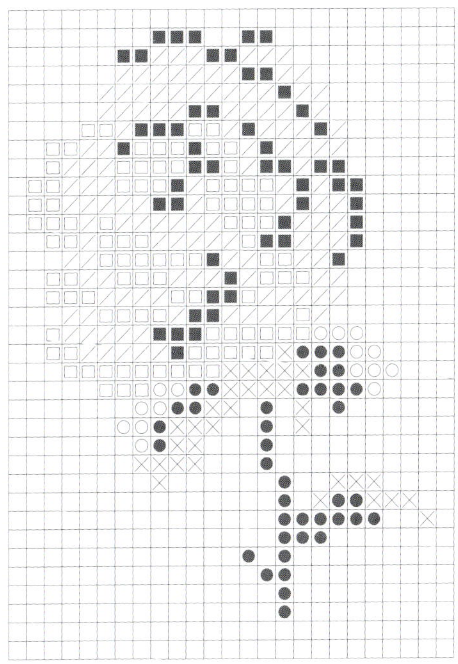

STICKGARNE

*Dänisches Blumengarn **(HF)**, Jokagarn **(D)**, Nordin MEZ **(N)**:*
gelbe Blüte 16 HF, 46 HF, 203 HF;
hellrosa Blüte 36 N, 1020 N, 1024 N;
dunkelrosa Blüte 2 HF, 69 HF, 2041 D;
weiße Blüte 19 HF, 303 HF, 600 HF;
fliederfarbene Blüte 95 N, 96 N, 100 N

ROSENBRIEFPAPIER

Eine kleine Kostbarkeit ist handgeschöpftes Rosenpapier, das Sie mit wenig Aufwand selbst herstellen können. Es eignet sich besonders gut als Briefpapier, und auch der dazugehörige Umschlag sollte aus einem handgeschöpften Bogen Rosenpapier angefertigt werden.

Zum Schöpfen eignen sich nicht alle Papiersorten gleich gut. Die besten Ergebnisse erzielen Sie mit Tageszeitungen, geeignet ist aber auch Weichpappe wie zum Beispiel alte Eier- oder Obstkartons. Papier, das aus farbigen Illustrierten gewonnen wurde, ist nicht so gut zum Beschriften zu gebrauchen, denn es hat später meist eine graubraune Farbe.

GRUNDANLEITUNG

■ Zuerst den Schöpfrahmen anfertigen. Dazu den Fliegendraht mit dem Tacker auf einem der beiden Holzrahmen befestigen. Damit der Draht gleichmäßig auf dem Rahmen aufliegt, beginnen Sie mit dem Bespannen jeweils in der Mitte zweier sich gegenüberliegender Seiten und arbeiten Stück für Stück auf die Ecken zu.
Der zweite Holzrahmen bleibt so, wie er ist. Er wird später als eine Art Deckel eingesetzt.

■ Nun das Altpapier in kleine Stücke reißen, in einen mit warmem Wasser gefüllten Eimer geben und über Nacht weichen lassen.

■ Am nächsten Tag die Masse im Mixer oder mit einem Handrührgerät zerkleinern, bis ein Faserbrei, die sogenannte Pulpe, entstanden ist.

■ Diesen Brei in die Plastikwanne füllen, mit Wasser verdünnen und mit beiden Händen kräftig durchrühren.

■ Den leeren Rahmen als Deckel bündig auf die Siebseite des bespannten Rahmens legen und beides in den Faserbrei tauchen. Die Rahmen waagerecht wieder aus der Wanne herausheben und das Wasser abtropfen lassen. Auf dem Sieb hat sich eine Faserschicht abgelagert.

■ Ein Handtuch und ein Küchentuch übereinander auf die Arbeitsplatte legen. Den Deckelrahmen abnehmen und die Faserschicht auf das Küchentuch stürzen. Mit einem trockenen Schwamm das Sieb fest andrücken.

■ Anschließend den Schöpfrahmen vorsichtig abheben. Das Küchentuch mit der darauf haftenden Papiermasse zum Trocknen auf dem Wäscheständer aufhängen.

■ Nach etwa einem Tag kann das fertige Papier vom Tuch abgezogen werden.

ROSENPAPIER

Es gibt zwei Möglichkeiten, gepreßte Rosenblütenblätter in das Papier einzuarbeiten:

1. METHODE

■ Wenn man den Rahmen aus der Pulpe herausgenommen hat, werden einzelne getrocknete Blütenblätter auf der Faserschicht verteilt.

■ Ein wenig Flüssigkeit aus der Wanne über die Blätter tropfen lassen.

2. METHODE

■ Getrocknete Blütenblätter zu dem Faserbrei in der Wanne hinzugeben und alles verrühren.

DAS BRAUCHEN SIE

Altpapier, gepreßte Rosenblütenblätter, 2 Holzrahmen mit einem Innenmaß von ca. 20 x 30 cm, verzinkten Fliegendraht, Eimer, Tacker, Mixer oder Handrührgerät, große Plastikwanne, Handtuch aus Frottee, Küchentuch aus Leinen, trockenen Schwamm, Wäscheständer

LESEZEICHEN

Selbstgemachte Lesezeichen sind ein hübsches Mitbringsel für „Leseratten". Mit getrockneten Rosenblüten und – blättern gestaltet, werden sie unter Umständen zu einem sehr persönlichen Geschenk, denn Rosen gelten seit dem Altertum als Symbol der Liebe und der Freude wie auch als Sinnbild der Vergänglichkeit und der Verschwiegenheit. Ob hiervon etwas als Nachricht an den Empfänger der Lesezeichen übermittelt werden soll, bleibt ganz dem Schenkenden überlassen.

Die Herstellung der Lesezeichen ist denkbar einfach: Gepreßte Rosenblüten werden auf Schmuckkartonstreifen zu schönen Motiven angeordnet und festgeklebt. Dabei sollten Sie den Klebstoff sehr sparsam verwenden, damit er später nicht sichtbar ist. Zum Schutz bezieht man die Kartonstreifen anschließend mit durchsichtiger Klebefolie.

ROSEN PRESSEN

- Schön geformte, makellose Rosen mit Stiel, Rosenblütenblätter und Rosenblätter zum Pressen aussortieren.
- Die Blumen in eine Pflanzenpresse oder zwischen die Seiten eines schweren Buches legen. Dabei die Pflanzen einzeln auf saugfähigem Papier ausbreiten und mit einer zweiten Papierlage bedecken.
- Die Presse verschließen beziehungsweise das Buch mit weiteren dicken Büchern beschweren.
- Die getrockneten Blüten und Blätter in einer geschlossenen Blechdose aufbewahren, damit sie nicht vom Licht ausgebleicht werden.

LESEZEICHEN GESTALTEN

- Aus Schmuckkarton Streifen in den Maßen 21 x 7 cm zuschneiden.
- Auf den Kartonstreifen die getrockneten Blütenblätter arrangieren. Legen Sie so lange verschiedene Motive, bis Ihnen die Anordnung gefällt. Dann wird jedes Blatt einzeln mit Klebstoff auf dem Karton befestigt.
- Wer möchte, fügt dem Trockenblumenbild Farbtupfer aus Kreppapierschnitzeln oder andere Gestaltungselemente wie Filz- oder Leinenstückchen, Schleifenband, dünne Kordel oder Wolle hinzu.
- Das beklebte Lesezeichen mit transparenter Selbstklebefolie beziehen. Hierfür die Folie mit einer Zugabe von rundum einem halben Zentimeter zuschneiden. Das Schutzpapier an einem Ende etwas lösen, die Folie auf die Schmuckseite des Lesezeichens legen und das Schutzpapier langsam abziehen. Dabei die Folie auf den Karton fest aufstreichen. Anschließend die überstehenden Ränder der Klebefolie mit einem Bastelmesser abschneiden.
- Die Lesezeichen lochen und mit einem Schmuckband versehen.

DAS BRAUCHEN SIE

Frische Rosen, Schmuckkarton wie Elefantenhaut oder Chromoluxpapier, transparente Selbstklebefolie, Kreppapier und andere kleine Gestaltungselemente, Schmuckband, saugfähiges Papier wie Zeitungs- oder Löschpapier, Blechdose, Pflanzenpresse oder mehrere schwere Bücher, Schere, Klebstoff, Bastelmesser, Locher

PAPIERROSENSTRAUSS

Äußerst dekorativ wirkt ein Rosenstrauß aus Kreppapier. In einer passenden Vase kommt er gut zur Geltung. Auch einzeln entfalten Papierrosen ihre Wirkung. Man kann sie zum Verzieren von Geschenkverpackungen verwenden oder in Seidenblumengestecke einarbeiten.

Das Grundmaterial für die Rosen ist Kreppapier, das Sie in vielen Farben in Hobbyläden erhalten. Ausgesprochen preisgünstig sind Blumen aus diesem Papier, so daß es sich lohnt, gleich mehrere Sträuße anzufertigen.

KNOSPE UND STIEL

- Für eine Rosenknospe einen Streifen rotes, pink- oder rosafarbenes Kreppapier mit den Maßen 8 x 50 cm zuschneiden.
- Den Streifen einmal längs falten. Dann das Papierstück um ein Ende eines Blumendrahtstengels rollen. Die geschlossene Kante liegt dabei oben und sollte locker aufgewickelt werden, während man das Papier an der unteren Kante eng zusammenrafft **(Abb. a)**.
- Wenn der ganze Streifen aufgerollt ist, binden Sie ihn am unteren Ende mit Rosendraht ab und zupfen ihn zu einer Knospenform **(Abb. b)**.
- Den Ansatz der Knospe und den Stengel mit Blumenband umwickeln. Beginnen Sie damit direkt unterhalb des Blütenkopfes, und winden Sie das Blumenband spiralförmig um den Drahtstiel **(Abb. c)**. Am Ende des Stiels das Band etwas überstehen lassen, leicht zusammendrehen und abschneiden.

BLÄTTER

- Für die Blätter am Knospenansatz ein 25 x 40 cm großes Stück grünes Kreppapier zuschneiden.
- Den Streifen zweimal zur Hälfte falten.
- Auf die obere Seite der Faltung eine Blattform zeichnen. Das Blatt sollte von Kante zu Kante reichen.
- Danach die Form an der Linie entlang ausschneiden **(Abb. d)**.
- Die Faltung auseinanderziehen: Es sind 4 gleiche aneinanderhängende Blätter entstanden **(Abb. e)**.
- Die Papierblätter rund um den Knospenansatz kleben **(Abb. f)**.
- Anschließend einige etwas größere Blätter einzeln aus grünem Kreppapier zuschneiden und mit Klebstoff an dem Stiel befestigen.

DAS BRAUCHEN SIE

Kreppapier in Rot, Pink, Rosa und Grün, Blumendrahtstengel, Rosendraht, Blumenband, Schere, Bleistift, Klebstoff

a
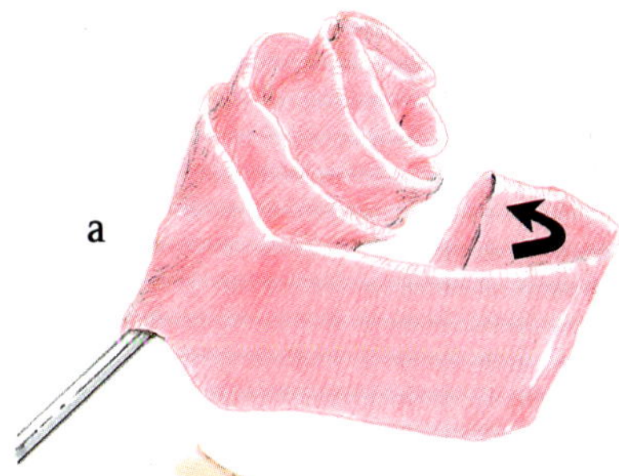

b
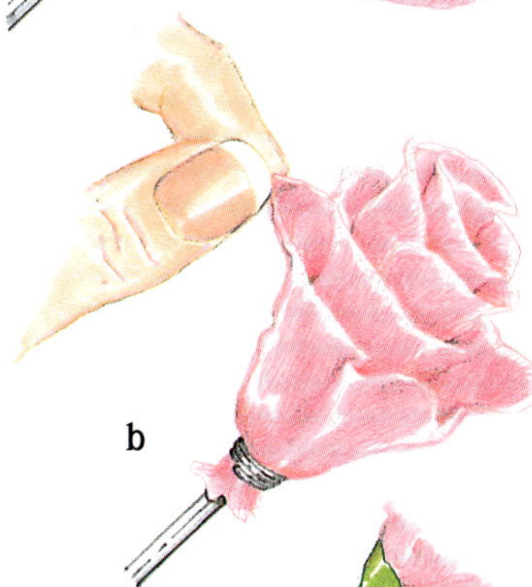

c
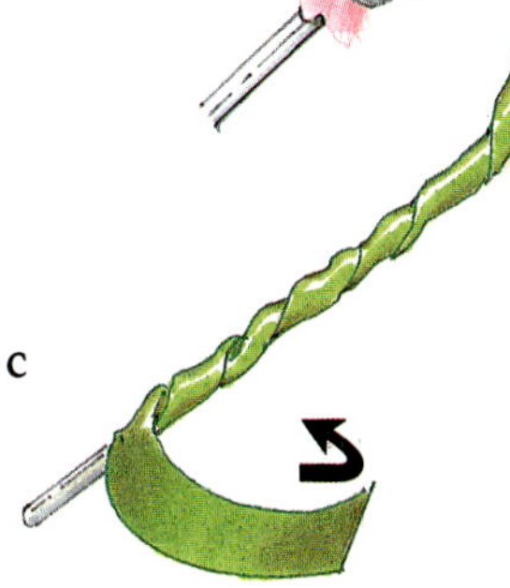

d

e

f
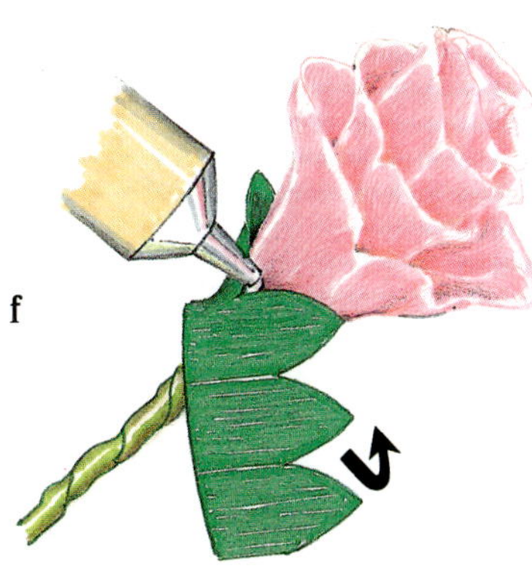

GESCHENKPAPIER

Interessante Effekte – lebendige Muster: Selbstgemachte Geschenkpapiere verleihen jedem Präsent eine individuelle Note. Zum Gestalten eignen sich alle einfarbigen, nicht zu dicken Papiersorten wie Seiden-, Ton- und Packpapier.

Neben der mehr zufälligen Anordnung der Motive auf dem Papier gibt es auch die Möglichkeit, die einzelnen Elemente gezielt auf ein bereits verpacktes Geschenk zu setzen. Bei dem roten Päckchen wurden die hellblauen Rosen erst nach dem Verpacken in einer Reihe entlang des unteren Randes mit einer Schablone aufgestupst.

BEDRUCKEN

Rotes Päckchen mit roten Rosen und pinkfarbenes Päckchen mit goldenen Balken:

■ Zuerst werden Stempel hergestellt. Dazu schneiden Sie die Motive, die Sie auf das Papier drucken wollen, aus Moosgummi aus. Hier sind es Rosen, Blätter und rechteckige Balken. Für jede Form wird ein eigener Stempel angefertigt.
■ Die ausgeschnittenen Moosgummistücke auf Holzreste kleben.
■ Dann mit einem Pinsel Plakafarbe auf das Moosgummi streichen und das Motiv auf das Geschenkpapier drucken.
■ Die Elemente können Sie bunt gestreut über das Papier verteilen oder – wie bei dem Päckchen mit den goldenen Balken – streng in Reihen anordnen.
■ Zum Schluß mit Buntstiften oder Plakafarbe die Motive verzieren oder Schriftzüge wie das Wort „Rosen" schreiben.

SCHABLONIEREN

Päckchen mit goldenen Rosen und rotes Päckchen mit hellblauen Rosen:

■ Für jedes Motiv – hier sind es eine Rosenblüte und ein Rosenblatt – eine Schablone herstellen. Dazu die Form auf Folie oder dicken Karton übertragen und ausschneiden (Motivvorlagen finden Sie auf den Seiten 94 und 95).
■ Die Schablone fest auf das Papier drücken und mit dem Pinsel Wasser- oder Plakafarbe „aufstupsen". Die Farbe darf nicht zu dünnflüssig und der Pinsel nicht zu satt gefüllt sein, denn sonst läuft die Farbe unter die Schablonenränder.

BEMALEN

Lilafarbenes Päckchen mit hellblauen Rosen:

■ Auf lilafarbenes Seidenpapier mit hellblauer und weißer Wachsmalkreide Rosenblüten aufmalen. Die Blüten locker über das ganze Papier verteilen.

DAS BRAUCHEN SIE

Einfarbiges Geschenkpapier, Seidenpapier oder Tonpapier, Wachsmalkreide, 2 mm starkes Moosgummi, Plaka- oder Wasserfarben, Buntstifte, Folie oder dicken Karton, Holzreste, Borstenpinsel, Haarpinsel, Schere, Bastelmesser, Klebstoff

EINGELEGTE ROSEN

Der Inhalt der Gläser ist zwar nicht eßbar, dafür aber um so reizvoller anzuschauen: Rosen kombiniert mit Gewürzen und Kräutern sind eine aparte Dekoration für Küche und Eßzimmer. Eine ausgefallene Gestaltungsidee, um schöne große Einmach- und Nudelgläser zu überreichen.

Die eingelegten Rosen werden hier in den Variationen „Süß", „Süß-Sauer" und „Würzig" vorgestellt. Denkbar sind auch weitere Kreationen wie beispielsweise die „feurige Version": Rosen mit schwarzen Pfefferkörnern, getrockneten Chilischoten und Thymianzweigen, die „weihnachtliche Variante": Rosen mit Gewürznelken, Anissternen, Orangenschalen und Kiefernnadeln oder auch die „Frische Brise": Rosen mit Pfefferminzblättern, groben Salzkörnern und Melisse.

GRUNDANLEITUNG

- In ein dekoratives Glas Zucker, Salz oder Gewürzkörner füllen und mit einigen Tropfen Wasser beträufeln.
- Die Rosen und die Kräuter passend zurechtschneiden und so in das Glas einsetzen, daß sie von allen Seiten schön anzusehen sind.
- Das Glas verschließen und mit Naturbast oder weißer Spitzenborte schmücken.

SÜSSE ROSEN

Zucker in ein langes Nudelglas füllen. Mehrere Rosenblüten, gestuft gesteckt, dazugeben. Das Glas sorgfältig verschließen (kleines Foto).

SÜSS-SAURE ROSEN

Gelbe Rosen mit einigen Zimtstangen in ein bauchiges Glas geben und alles mit Dillblüten und Zitronenschalen verzieren.

WÜRZIGE ROSEN

Wacholderbeeren, Lorbeerblätter, Senfkörner und ein paar Oliven zusammen mit rosafarbenen Rosen in ein schönes Glas geben. Das Arrangement kann zusätzlich mit Dillblüten und Zimtstangen ausgeschmückt werden.

DAS BRAUCHEN SIE

Große Schmuckgläser wie Einmach- oder Nudelgläser, Rosen, Gewürze und Kräuter wie Wacholderbeeren, Lorbeerblätter, Senfkörner, Dillblüten, Zucker, Zitronenschalen, Oliven

ROSENKONFITÜRE & GELEEFRÜCHTE

Für alle, die Süßes lieben: Rosenkonfitüre und Geleefrüchte sind außergewöhnliche Spezialitäten, die man netten Gästen anbieten kann. Hübsch verpackt, sind sie ein besonderes Mitbringsel aus der eigenen Küche.

Das Auge ißt mit, gilt selbstverständlich auch für die Rosenkonfitüre. In schön dekorierten Marmeladegläsern kommt sie gebührend zur Geltung.

ROSENKONFITÜRE

ZUTATEN

12 bis 15 Blüten einer stark duftenden Rosensorte
¾ l Wasser
¼ l Apfelsaft
500 g Gelierzucker
Saft einer halben Zitrone

■ Die Blütenblätter abzupfen. Eine Handvoll Blätter zurücklegen und kleinschneiden. Den Rest in eine hitzefeste Schüssel geben.
■ Das Wasser kochend über die Rosenblätter gießen und 30 Minuten ziehen lassen.
■ Dann die Blätter absieben. Zu dem Extrakt Zitronensaft, Apfelsaft und Gelierzucker hinzufügen und alles 3 Minuten kochen lassen.
■ Den Schaum abschöpfen, die kleingeschnittenen Blütenblätter dazugeben und die Flüssigkeit nochmals kurz aufkochen.
■ Die Konfitüre in Gläser füllen. Nach 30 Minuten die Masse umrühren, damit sich die Blütenblätter gleichmäßig im Glas verteilen.

GLÄSER VERZIEREN

■ Ein hübsches Ziertuch über den Deckel stülpen und mit einem Gummiband befestigen. Ziertücher lassen sich leicht selbst herstellen, indem man einen Stoffrest mit einer Borte umnäht. Besonders schön ist natürlich ein mit einer Rose besticktes Tuch (Stickanleitung S. 75).
■ Den Deckel mit einem Rest Spitze sowie mit Schleifen aus Tüll-, Schmuck- und Perlenbändern dekorieren. Die Schleifen erst andrahten und dann auf dem Deckel befestigen.
■ Mit Heißkleber Seidenrosen auf dem Glasdeckel anbringen. Zwischen die Rosen schmale Schmuckbandschleifen setzen.

GELEEFRÜCHTE

ZUTATEN

Saft und geriebene Schale einer Zitrone
450 g Zucker
2 EL Rosenwasser
125 ml Wasser
einige Tropfen rote und gelbe Lebensmittelfarbe
25 g Blattgelatine
Puderzucker

■ Das Wasser mit dem Saft und der geriebenen Schale der Zitrone sowie dem Zucker in einem Topf zum Kochen bringen.
■ Das Rosenwasser und die rote und gelbe Lebensmittelfarbe hinzufügen.
■ Die Gelatineblätter einweichen, ausdrücken und dazugeben. Alles verrühren.
■ Dann die Masse etwa 1 cm hoch in eine flache Auflaufform füllen und nach dem Abkühlen in den Kühlschrank stellen.
■ Die Geleemasse in kleine Würfel schneiden, vorsichtig herausnehmen und in gesiebtem Puderzucker wenden (Foto Seite 46).

DAS BRAUCHEN SIE

Leere, saubere Marmeladegläser mit Schraubverschluß, Ziertücher, Spitze, Gummiband, Tüll-, Perlen- und Schmuckbänder, Seidenrosen, Silberdraht, Heißkleber

EDLE ROSENDÜFTE

Einmal so richtig in Luxus schwelgen: Mit dem Rosenduftwasser, den Rosenseifen, dem Badesalz und dem Badeöl mit lieblichem Rosenaroma wird es Ihnen mühelos gelingen, sich wie im siebten Himmel zu fühlen.
Dennoch ist diese Pracht für Ihr Badezimmer durchaus erschwinglich, und auch die Herstellung der edlen Mixturen läßt sich ohne teure Spezialgeräte bewältigen.

Arbeiten Sie beim Zusammenstellen der Öle, Salze und Duftwässer unbedingt mit völlig sauberen und geruchsneutralen Gefäßen. Damit die Mixturen richtig zur Geltung kommen, füllt man sie anschließend in hübsche Flakons um. Anregungen, wie Sie kostbar aussehende Glasgefäße selbst gestalten können, finden Sie auf den Seiten 90 und 91.

ROSENDUFTWASSER

ZUTATEN
¼ l stark duftende Rosenblütenblätter (zum Beispiel Noisette- und Wichuraianarosen)
125 ml reinen Alkohol
125 ml Wasser
125 g Rosenpelargonienstrauchblätter
125 g Zitronenstrauchblätter

■ Die stark duftenden Rosenblütenblätter zusammen mit dem Alkohol in ein gut verschließbares Gefäß füllen und die Mischung eine Woche stehen lassen.
■ Auf die Zitronenstrauch- und Rosenpelargonienstrauchblätter 125 ml kochendes Wasser gießen und den Sud 2 Stunden ziehen lassen.
■ Anschließend die Blätter ausdrücken und den Sud zu der Rosenblüten-Alkohol-Mixtur geben.
■ Das fertige Duftwasser in hübsche Flakons umfüllen.

ROSENBADESALZ

ZUTATEN
unparfümiertes Badesalz
einige Tropfen Rosenöl

■ Das unparfümierte Badesalz in ein schönes Glasgefäß füllen.
■ Ein paar Tropfen Rosenöl hinzugeben.

ROSENBADEÖL

ZUTATEN
150 ml Sonnenblumenöl
1 EL Kräutershampoo
30 ml Rosenöl

■ Das Sonnenblumenöl und das Kräutershampoo in einen Glasflakon füllen.
■ Etwa 30 ml Rosenöl hinzugeben.
■ Dann die Flasche verschließen und gut schütteln.
■ Das Badeöl 2 Wochen ziehen lassen und während dieser Zeit täglich einmal durchschütteln.

ROSENSEIFE

Bei den „rosigen Zeiten" in Ihrem Badezimmer darf die Rosenseife natürlich nicht fehlen. Sie erhalten hübsche kleine Gästeseifen in Drogerien. Die eigene Herstellung wäre zu aufwendig und auch nicht ganz ungefährlich.

DAS BRAUCHEN SIE

Flakons in verschiedenen Formen und Größen, gut verschließbare Gefäße, Trichter zum Umfüllen der Flüssigkeiten, Seidentücher, Schmuck- und Tüllbänder zum Verzieren der Flakons

ROSENDESIGN FÜR FLAKONS

Schön geformte Flakons werden zu persönlichen Geschenken, wenn man sie kunstvoll bemalt oder mit zarten Tüchern und Bändern verziert. Gut sehen auch getrocknete Rosenblüten aus, die man zusammen mit einer kleinen Goldquaste um den Hals des edlen Glasgefäßes bindet.

Stimmen Sie die Gestaltung auf den Inhalt der Flakons und Karaffen ab. Dabei ist es keinesfalls notwendig, das gesamte Gefäß zu dekorieren. Gezielt gesetzte Akzente wie eine aufgemalte Rosenblüte oder eine kleine Seidenschleife verwandeln jeden Flakon in ein unverwechselbares Unikat.

FLAKONS UND KARAFFEN BEMALEN

Es gibt verschiedene Möglichkeiten, das Aussehen eines Flakons oder einer Karaffe durch Bemalen zu gestalten:

- Glasgefäße mit glatter Oberfläche kann man mit Rosenmotiven verzieren. Geeignete Vorlagen finden Sie auf den Seiten 94 und 95. Verteilen Sie die Motive einzeln oder in Gruppen geordnet auf der Glasfläche, und übertragen Sie sie mit Bleistift. Die Umrißlinien der Rosenblüten werden dann mit goldener Konturenpaste nachgezogen und die Flächen der Motive mit orangefarbener und brauner Glasmalfarbe ausgemalt (Fotos S. 88, 90 und 91).
- Hübsch sehen auch mit goldenem Lackstift gezeichnete Rosenblüten aus (großes Foto „Sprühflakon").
- In einer Reihe angeordnete Rosen unterstreichen die lange, schlanke Form einer Zierflasche (kleines Foto). Die Blüten wurden mit grauer Lackfarbe aufgemalt und mit goldener Mallasur verziert.
- Einzelne Teile eines Flakons kann man hervorheben, indem man zum Beispiel den Kugelverschluß mit goldenem Lackstift bemalt, den Sprühschlauch mit Stoffmalfarbe vergoldet oder gepunktete Linien mit Konturenpaste zieht.
- Färben Sie eine Flasche mit Glasmalfarbe ein. Hierzu trägt man die Farbe mit einem Stück Schaumstoff auf (kleines Foto „Miniflakon").
- Bereits in das Glas eingeprägte Blüten und schöne Verschlüsse werden mit gol-

dener Mallasur und goldenem Lackstift hervorgehoben (großes Foto „schwarzer Flakon").

Flakon mit Seidenrose

■ Einen langen, schmalen Seidenschal dekorativ um einen Flakon binden und mit einem Knoten sichern.

■ Die gleich langen Enden umeinanderwickeln und die so entstandene Kordel drehen, bis sich eine Schneckenform bildet.

■ Ein Endstück des Schals durch die Mitte der Schnecke stecken und die Stoffzipfel als Blütenblätter zurechtzupfen (Fotos S. 88 und 89).

Karaffe mit Tüllrose

■ Um den Hals des Verschlusses eine Schleife aus Geschenkband binden.

■ Farblich dazu passendes Tüllband einmal der Länge nach falten. Dann wird das Band zu einer Rosenblüte aufgerollt, indem man es unten eng zusammenrafft und oben locker mitlaufen läßt. Die geschlossene Kante des Bandes liegt oben.

■ Sobald die Blüte erkennbar wird, schneidet man das Tüllband ab und näht sie am Ansatz mit Nadel und Faden zusammen.

■ Anschließend die fertige Blüte an der Schleife festnähen (Foto S. 88).

Das brauchen Sie

Flakons und Karaffen aus Glas, goldene Konturenpaste, orangefarbene und braune Glasmalfarbe, goldenen Lackstift, graue Lackfarbe, goldene Mallasur, Stoffmalfarbe, Geschenkband, Tüllband, Seidenschal, getrocknete Rosenblüten, kleine Goldquaste, Bleistift, Reststück Schaumstoff, Nadel und Faden, Schere, Pinsel

HAARSCHMUCK

Mit diesen Haarkämmchen und dem Haarreif bereiten Sie Mädchen und jungen Frauen eine Freude. Wenn Sie den Schmuck anläßlich eines Festtages verschenken möchten, sollten Sie ihn passend zu Kleid und Frisur der Trägerin arbeiten.

Hoch- und Steckfrisuren werden wieder modern. Rollen hinten oder seitlich sehen besonders hübsch mit einem Zierkämmchen aus, und ein wilder Lockenkopf läßt sich am besten mit einem Haarreif bändigen. Der geschmackvolle Haarschmuck ist einfach nachzumachen und kostet nicht viel.

HAARKÄMMCHEN

- Die Blüten, Beeren, Perlenrispen und Blätter auf etwa 3 cm kürzen.
- Die Schmuckbänder zu kleinen Schleifen legen und mit Golddraht abbinden.
- Für eine Perlenkette kleine Zierperlen auf Golddraht fädeln und in regelmäßigen Abständen festbinden.
- Eine Schmuckspirale entsteht, wenn Sie ein Stück Golddraht eng um einen Bleistift wickeln und vorsichtig wieder abziehen.
- Wenn die Vorarbeiten beendet sind, Golddraht an einem Ende des Kämmchens mit ein paar Windungen befestigen und die Blüten, Beeren und Blätter nacheinander zur Mitte hin aufbinden. Den Draht dabei zwischen den Zinken des Kämmchens hindurchführen.
- Anschließend von der anderen Seite her die Schmuckteile auf das Kämmchen wickeln. Sie arbeiten also von außen nach innen. In die Mitte setzen Sie eine Schleife oder eine besonders schöne Blüte.
- Mit einer Perlenkette oder einer Golddrahtspirale das Haarkämmchen verzieren.
- Kleine Zierkugeln, Glastropfen oder Straßsteine mit Heißkleber zwischen den Blüten befestigen.
- Wer möchte, überstäubt das Kämmchen leicht mit Goldpulver.

HAARREIF

- Den Haarreif mit Goldspray einfärben und trocknen lassen.
- Die Blüten, Beeren und Blätter auf etwa 3 cm Länge kürzen.
- Wie bei den Haarkämmchen beschrieben, nun das Schmuckmaterial mit Golddraht auf den Haarreif binden und so befestigen.
- Das Organdyband zu einer Schleife legen und ebenfalls mit einbinden.

DAS BRAUCHEN SIE

Stoffröschen in verschiedenen Farben, Dekobeeren, Blüten- und Perlenrispen, Stoffblätter, Zierperlen, Organdyband, Zierkugeln, Glastropfen, Straßsteine, Schmuckbänder, Haarkämmchen, Haarreif, Golddraht, Goldspray, Heißkleber

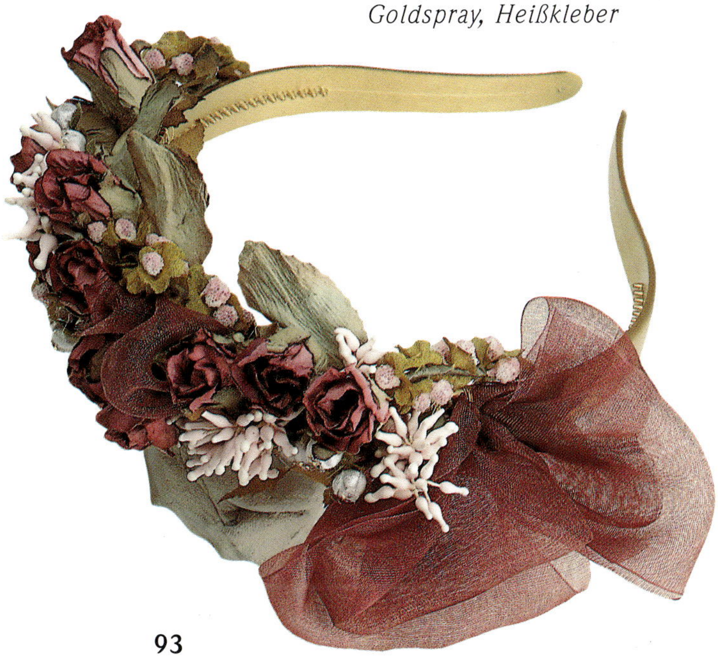

Viele Stoffe, Papiere und Gläser sehen mit einer aufgemalten Rose einfach schöner aus. Je nach Untergrund können Sie die Motive mit Transparent- oder Kohlepapier abpausen oder mit einem Fotokopiergerät gleich in der passenden Größe übertragen. Unter anderem finden Sie auf diesen Seiten auch die Motive für die Geschenkpapiere auf Seite 82 und die Glasflakons auf Seite 90.

Die Autorinnen und Autoren
und ihre Beiträge

Peter Baumgartner: Seite 76/77
Luzia Becker: Seite 16-25, 30-33, 36-53, 66-71, 84/85
Jane Hase: Seite 54
Monika Neubacher-Fesser: Seite 14/15, 55-57, 72/73, 78-83, 88-91
Oliver Pfaff: Seite 27 (Rosentorte / Bäckerei - Konditorei Pfaff, Mainz-Finthen
Ria Steinhauer: Seite 7-11, 26/27 (Text), 28-29, 86/87
Doris Strobel: Seite 58-63, 92/93
Eva Westermeier-Gerolstein: Seite 74/75

Redaktion und Textbeiträge:
Yvonne Thalheim, Herne
Redaktion für diese Ausgabe:
Herta Winkler
Herstellung:
Harald Nadolny, Herne; Petra Leupacher
Herstellung für diese Ausgabe:
Eva Kumar
Fotos:
Photo-Illustrations Ltd., London;
S.11 **FALKEN Archiv (Zöltsch)**; S. 51 **Archiv für Kunst und Geschichte**, Berlin
Zeichnungen und Reinzeichnungen der Motivvorlagen: Daniela Schneider, Frankfurt

Satz: Team Nadolny, Herne

48020295X817 2635 4453 6271

1106301X04 03 02 01